高等职业教育新能源汽车类专业教材

XINNENGYUAN QICHE
DIANQI JISHU

新能源汽车电气技术

宋广辉 颜 宇 刘 欢 主编

人民交通出版社

北京

内 容 提 要

本书是高等职业教育新能源汽车类专业教材。主要内容包括新能源汽车电气维修基础认知、新能源汽车照明与信号系统检修、新能源汽车仪表与报警系统检修、新能源汽车辅助电气系统检修、新能源汽车暖风与空调系统检修、新能源汽车整车电路故障检修,共6个项目15个学习任务。

本书可作为新能源汽车技术及相关专业的教学用书,也可作为新能源汽车相关专业技能等级证书考证用书,还可作为从事新能源汽车整车及零部件装调、质量检验、生产现场管理、辅助研发和新能源汽车维修与服务等工作的高素质技术技能人才的培训资料和汽车爱好者的科普读物。

图书在版编目(CIP)数据

新能源汽车电气技术/宋广辉,颜宇,刘欢主编. —北京:人民交通出版社股份有限公司,2024.3
ISBN 978-7-114-19293-7

Ⅰ.①新… Ⅱ.①宋… ②颜… ③刘… Ⅲ.①新能源—汽车—电气系统—高等职业教育—教材 Ⅳ.①U469.7

中国国家版本馆 CIP 数据核字(2024)第 040555 号

书　　名:	**新能源汽车电气技术**
著 作 者:	宋广辉　颜　宇　刘　欢
责任编辑:	时　旭
责任校对:	孙国靖　卢　弦
责任印制:	刘高彤
出版发行:	人民交通出版社
地　　址:	(100011)北京市朝阳区安定门外外馆斜街 3 号
网　　址:	http://www.ccpcl.com.cn
销售电话:	(010)59757973
总 经 销:	人民交通出版社发行部
经　　销:	各地新华书店
印　　刷:	北京市密东印刷有限公司
开　　本:	787×1092　1/16
印　　张:	10.75
字　　数:	248 千
版　　次:	2024 年 3 月　第 1 版
印　　次:	2024 年 3 月　第 1 次印刷
书　　号:	ISBN 978-7-114-19293-7
定　　价:	35.00 元

(有印刷、装订质量问题的图书,由本社负责调换)

Preface 前言

为贯彻落实《交通强国建设纲要》相关领域的目标任务,根据《交通运输部关于开展交通强国建设试点工作的通知》(交规划函〔2019〕859号),经交通运输部批复,人民交通出版传媒管理有限公司主持开展"交通职业教育核心课程教学资源优化"交通强国建设试点任务。"交通职业教育核心课程教学资源优化"旨在贯彻落实《交通强国建设纲要》精神和国家职业教育教学改革精神,深化产教融合,整合人民交通出版传媒管理有限公司和相关院校既有优势,遴选建成一批更加适应现代交通职业教育教学需求、体现行业发展和时代特点的高质量创新性教材和数字化教学资源,助力构建高质量教育体系,为培养素质优良的知识型、技能型、创新型劳动者提供坚实的支撑。

本套高等职业教育新能源汽车类专业教材为遴选后的优质教材,其聚焦核心课程,贯彻国家职业教育教学改革精神,深化产教融合、校企合作,体现课程思政,融通"岗课赛证",以真实生产项目、典型工作任务、案例等为载体组织教学单元,教学设计完整、恰当,内容深入浅出、图文并茂,为纸数融合的新形态教材。本书的主要特色如下:

(1)全书立足先进的职业教育理念,基于大量的市场调研,紧跟新能源汽车产业的发展步伐,及时反映产业升级和行业发展需求,体现新知识、新技术、新工艺、新方法、新材料。

(2)编写注重专业课程内容与课程思政相结合,课程思政整体设计以文化教育为主线,将爱国主义、安全、职业素养、工匠精神、科技创新、节能环保等教育融入其中。

(3)借助"互联网+"及信息技术,使教材内容呈现立体化、可视化、数字化,能够满足"人人皆学、处处能学、时时可学"的泛在学习需要,为学习者提供"能学、助教、助训、助考"的课程资源。

本书由济南职业学院宋广辉、颜宇、刘欢担任主编,张希亮、张营担任副主编。其中,宋广辉编写项目三并负责全书通稿,颜宇编写项目六,刘欢编写项目五,张希亮编写项目四,张营编写项目一;济南职业学院的马瑞兰、苗润路担任参编,分别编写项目二的任务一和任务二。

另外,在本书的编写过程中,比亚迪股份有限公司提供了大量的专业技术资料,同时引用了其他大量原厂手册及文献资料,在此,全体编者向原作者们表示衷心的感谢!

由于本书涉及内容较新,且编者水平有限,书中难免有不足之处,恳请相关领域专家和广大读者批评指正。

编　者
2023 年 12 月

Contents 目录

项目一　新能源汽车电气维修基础认知 ·· 1
　　任务一　电路图识读 ··· 1
　　任务二　元件识别检修 ·· 18
　　项目测评 ··· 30

项目二　新能源汽车照明与信号系统检修 ······································ 31
　　任务一　自动变光系统检修 ·· 31
　　任务二　转向信号系统检修 ·· 40
　　项目测评 ··· 49

项目三　新能源汽车仪表与报警系统检修 ······································ 50
　　任务一　仪表系统检修 ·· 50
　　任务二　报警系统检修 ·· 61
　　项目测评 ··· 72

项目四　新能源汽车辅助电气系统检修 ·· 74
　　任务一　电动刮水系统的检修 ·· 74
　　任务二　安全气囊系统的检修 ·· 86
　　任务三　充配电总成的检修 ·· 95
　　任务四　无钥匙起动系统的检修 ··· 104
　　项目测评 ·· 113

项目五　新能源汽车暖风与空调系统检修 ····································· 115
　　任务一　暖风系统的检修 ··· 115
　　任务二　自动空调系统的检修 ··· 125
　　项目测评 ·· 138

项目六　新能源汽车整车电路故障检修 ··· 139
　任务一　低压供电不正常检修 ··· 139
　任务二　高压供电不正常检修 ··· 146
　任务三　车辆无法正常行驶检修 ··· 155
　项目测评 ··· 164

参考文献 ··· 165

项目一　新能源汽车电气维修基础认知

任务一　电路图识读

任务导入

汽车电路图是一种将汽车电器、电子设备用图形符号和代表导线的线条连接在一起的关系图,是对汽车电器的组成、工作原理、工作过程及安装要求所作的图解说明。电路图表示的是不同电路相互之间的关系及彼此之间的连接关系,通过对电路图的识读,可以认识并确定电路图上所画电气元件的名称、型号和规格,清楚地掌握汽车电气系统的组成、相互关系、工作原理和安装位置,便于对汽车电路进行检查、维修、安装、配线等工作。要进行新能源汽车电路的检修,除了能识别基础的电器元件外,还应能读懂新能源汽车的电路图。本任务以比亚迪秦EV(纯电动汽车)为例,介绍新能源汽车电路图的识别方法。

任务目标

▶ **知识目标**

1. 掌握新能源汽车主要元素的种类;
2. 掌握新能源汽车主要元素的编号规则。

▶ **技能目标**

1. 能够读懂新能源汽车的电路图;
2. 具备根据子系统电路图,对故障部件从电源到接地的整个电路进行分析、判断,确定维修项目和维修内容;
3. 通过故障诊断与排除,具备应用电路图分析排除故障的能力。

▶ **素质目标**

1. 在操作过程中树立高压安全意识;
2. 对不同种类新能源汽车的检修,能够做到触类旁通。

🎯 任务学时

建议学时:4 学时

🎯 任务准备

一辆比亚迪秦 EV,客户反映按下一键起动开关后,仪表点亮,高压不上电,"OK"指示灯不能点亮,仪表上除红色小汽车点亮及驻车制动灯点亮,其他信息没有任何显示,车外灯光可以正常点亮,仪表灯光符号正常显示。请根据该故障现象制订一份故障检修方案,并完成该故障的诊断与排除。

思想启迪:你如何理解"青年兴则国家兴,青年强则国家强"?

🎯 任务学习

一、比亚迪秦 EV 电路图识读

1. 电路图中元素的编码规则

电路图中的元素主要包括以下几种:接插件、熔断丝、继电器、导线、用电设备、控制计算机模块等。

(1)线束编码规则。比亚迪秦 EV 电路图中的线束编号规则以线束所在位置按照字母顺序编码为基准。例如,B 表示线束位置在前机舱、C 表示线束位置在前横梁等。表 1-1 为比亚迪秦 EV 线束位置代码。

比亚迪秦 EV 线束位置代码表　　　　　　　表 1-1

线束名称	装配位置	编码	线束名称	装配位置	编码
前机舱线束	前机舱	B	地板线束	地板	K
前横梁线束	前横梁	C	顶篷线束	顶篷	P
仪表板线束	管梁	G	左前门线束	左前门	T

续上表

线束名称	装配位置	编码	线束名称	装配位置	编码
右前门线束	右前门	U	右后门线束	右后门	W
左后门线束	左后门	V	—	—	—

> **想一想**
>
> A08 代表什么含义,线束在哪个位置?

(2)插接件编码。插接件编码由 3 部分组成,分为 3 种类型,如图 1-1、表 1-2 所示,其中第一位是线束位置代码,第二位是线束对接编号或配电盒代码,第三位是序号。

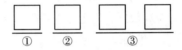

图 1-1 插接件编码

插接件编码规则 表 1-2

第一位位置	第二位类别	第三位排序
线束代码(字母)	线束对接编号 J	接插件编号(数字)
	空	
	配电盒代码	配电盒端口(字母)

第二位的类别代码采用阿拉伯数字 1、2 或者大写字母"J"表示,分为以下三种情况:
①该回路元素如果是配电盒上的插接件,此位代码采用序号 1,2,3,…表示;
②该回路元素如果是线束间的对接插接件,此位代码采用字母"J"表示;
③该回路元素如果是接车用电器模块的插接件、继电器座,则此位为空。比亚迪秦 EV 配电盒编码见表 1-3。

比亚迪秦 EV 配电盒编码 表 1-3

配电盒名称	编码	配电盒名称	编码
前机舱配电盒	1	仪表配电盒Ⅱ	4
仪表板配电盒	2	正极配电盒Ⅰ	5
前机舱配电盒Ⅱ	3	正极配电盒Ⅱ	8

第三部分排序代码采用大写字母 A、B、C、D、E、F 等或 01、02、03、04、05 等表示,分为以下两种情况。
①该回路元素如果是配电盒上的插接件,此位代码采用 A、B、C、D、E、F 等,该位与插接件所插配电盒的插口位置代号一致。

②其他回路元素按所在线束的空间位置依次编号01、02、03、04、05等。

例如：电路图中编码G2X，G表示仪表板线束，2表示仪表板主配电盒，X表示仪表板主配电盒X口的插接件；电路图中编码KJG02，K表示地板线束，J表示线束间对接插接件，G表示仪表板线束，02表示有地板接仪表板线束排序代码为02；电路图中编码B68，B表示前机舱线束，第二位为空表示一般类插接件，68表示前舱线束排序代码为68。

> **头脑风暴**
>
> 电路当中接地点一般用E来表示，以上字母编号中未使用E，如果电路中遇到EK05代表什么意思？
> _____
> _____

(3) 导线的类型和颜色。标准线用于一般情况的导线连接，无屏蔽要求。如果电路线与线之间使用8字形标识，表示此电路为双绞线，双绞线主要用于传感器的信号电路或数据通信电路。屏蔽线是在导线的绝缘层外面一般加入一层屏蔽金属网。屏蔽金属网分两种情况，一种是高压线束的屏蔽金属网，作用是避免高压电的电磁辐射对车辆其他电子设备等元器件产生电磁干扰影响车辆运营；另一种是传感器类的低压线束的屏蔽金属网，主要是因为有些传感器的信号比较微弱，防止外界电磁波影响传感器的信号，从而影响车辆接收传感器的信息。

三种类型的线束作用和样例见表1-4。

线束样例和电路图　　　　　　　　　　表1-4

线束类型	作用	图例	电路图中标示
标准线	用于一般情况的导线连接，无屏蔽要求		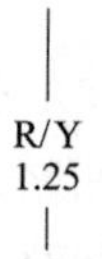 R/Y 1.25
双绞线	在低频情况下，双绞线可以靠自身来抗拒外来干扰及相互之间的串音。如低速控制器域网（Controller Area Network, CAN）、扬声器		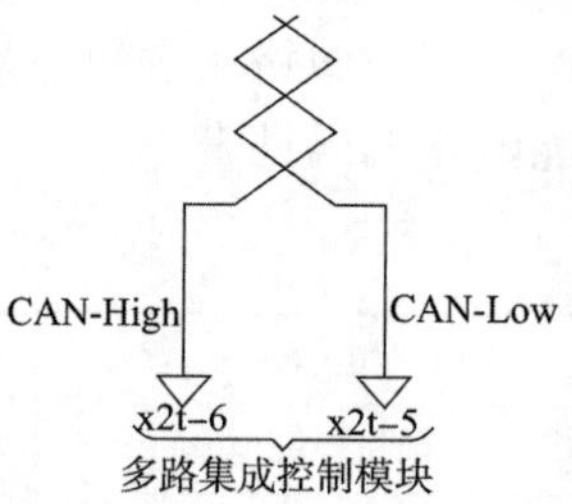 CAN-High　CAN-Low x2t-6　x2t-5 多路集成控制模块
屏蔽线	能够将辐射降低在一个范围内，或者防止辐射进入导线内部，造成信号干扰。如音频信号线（屏蔽网接地）		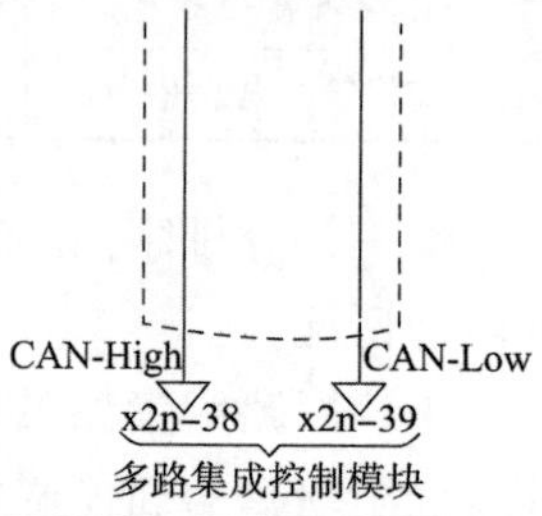 CAN-High　CAN-Low x2n-38　x2n-39 多路集成控制模块

汽车线路一般将导线的颜色用颜色的第一个大写英文母来表示,各大车型的导线颜色基本是一致的,在电路中的双色导线用两个字母之间加斜杠表示,其中前面字母为主色,后面字母是辅色,例如:R/G 表示导线为双色线,主色是红色,辅色是绿色。表 1-5 是比亚迪秦 EV 的导线颜色对照关系。

比亚迪秦 EV 导线颜色对照关系　　　　　　　　表 1-5

字母	W	B	R	G	L	Br	Y	Gr	P	V
颜色	白	黑	红	绿	蓝	棕	黄	灰	粉红	紫

(4)熔断丝、继电器和接地点的编码规则。

①熔断丝:编号由熔断丝代码和序列号组成,熔断丝的编号规则为 F 数字/数字,其中第一个数字编码为熔断丝的配电盒位置,第二个数字编码为该熔断丝在本配电盒的编号,就是该配电盒的第几个熔断丝。比较特殊的是地板线束外挂熔断丝,编号为 FX/数字。熔断丝有 F1～F5 五个位置,具体如下:

　a.前机舱配电盒附配的熔断丝按相应位置编号为 F1/1,F1/2,…;

　b.仪表板配电盒附配的熔断丝按相应位置编号为 F2/1,F2/2,…;

　c.仪表板配电盒Ⅱ附配的熔断丝按相应位置编号为 F4/1,F4/2,…;

　d.正极配电盒Ⅰ附配的熔断丝按相应位置编号为 F5/1,F5/2,…;

　e.正极配电盒Ⅱ附配的熔断丝按相应位置编号为 F8/1,F8/2,…;

　f.地板线束外挂熔断丝,按相应位置为 FX/1,FX/2。

②继电器:由继电器代码和序列号组成,继电器的编号规则为 K 数字-数字。例如,K1-1 中 K1 是前机舱配电盒继电器,后面的 1 指的是 1 号继电器。外挂继电器用的是 KG-数字的形式。比亚迪秦 EV 的继电器主要分布在五个位置,具体如下:

　a.前机舱配电盒附配的继电器按相应位置编号为 K1-1,K1-2,…;

　b.仪表板配电盒附配的继电器按相应位置编号为 K2-1,K2-2,…;

　c.前机舱配电盒Ⅱ附配的继电器按相应位置编号为 K3-1,K3-2,…;

　d.仪表板配电盒Ⅱ附配的继电器按相应位置编号为 K4-1,K4-2,…;

　e.外挂继电器编号随对应的线束,如 KG-1,KG-2,…,KC1-1,KC2-1,…KX-1。

③接地点:由接地点代码和序号组成,接地点代码为 E。

比亚迪秦 EV 一共有五个配电盒,具体位置如图 1-2 所示。

图 1-2　比亚迪秦 EV 配电盒位置图
1-前机舱配电盒;2-正极熔断丝盒Ⅰ;3-前横梁外挂继电器盒Ⅰ;4-前横梁外挂继电器盒Ⅱ;5-前机舱配电盒Ⅱ(匹配真空泵)

2.电路图中的图形符号

图形符号是一种用来绘制电路图时,代表不同电子元件的图形符号。这些符号曾经因国家而异,但现在大多已国际标准化。比亚迪秦 EV 电路图中常用的图形符号见表1-6。

图形符号 表1-6

图形符号	含义	图形符号	含义	图形符号	含义
─▶├─	二极管	⊗	灯泡	∞	双绞线
(光电二极管符号)	光电二极管	←━━	线路走向	(起动机符号)	起动机
(发光二极管符号)	发光二极管	(喇叭符号)	喇叭	(电磁阀符号)	电磁阀
(电动机M符号)	电动机	(时钟弹簧符号)	时钟弹簧	(氧传感器符号)	氧传感器
(限位开关符号)	限位开关	(安全气囊符号)	安全气囊	(低速风扇继电器符号)	低速风扇继电器
(安全带预紧器符号)	安全带预紧器	┼	未连接交叉线路	✛	相连接交叉线路
G7 接地符号	接地	(常闭继电器符号)	常闭继电器	─┤├─	蓄电池
(温度传感器符号)	温度传感器	(常开继电器符号)	常开继电器	─┤├─	电容
(短接片符号)	短接片	(双掷继电器符号)	双掷继电器	(点烟器符号)	点烟器

续上表

图形符号	含义	图形符号	含义	图形符号	含义
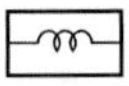	电磁阀	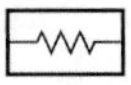	电阻		天线
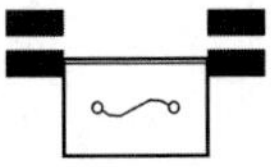	小负载熔断丝	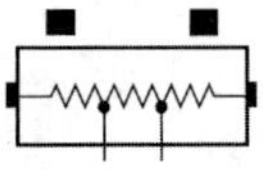	电位计	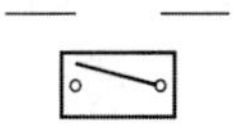	常开开关
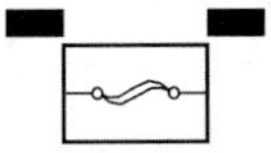	中负载熔断丝		可变电阻器	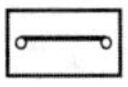	常闭开关
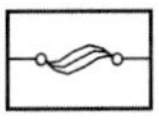	大负载熔断丝	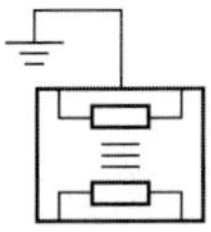	点火线圈	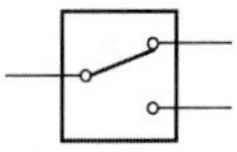	双掷开关
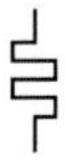	加热器	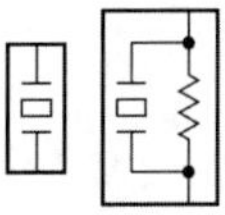	爆震传感器	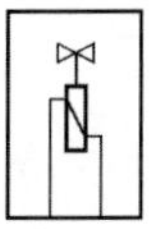	电磁阀

比亚迪秦 EV 的整车线束一共分为 18 个部分,见表 1-7。

比亚迪秦 EV 线束组成　　　　　　　　　　　　　　　　表 1-7

序号	内容	序号	内容
1	左前门线束	10	后风窗玻璃加热负极线
2	右前门线束	11	前横梁线束
3	左后门线束	12	发动机线束
4	右后门线束	13	后保险杠小线
5	顶篷线束	14	变速器搭铁线
6	仪表板线Ⅱ	15	蓄电池负极线
7	仪表板线束	16	高压配电箱搭铁线
8	地板线束	17	DC 外壳搭铁线束
9	前机舱线束	18	蓄电池正极线束

(1)前横梁线束如图 1-3 所示,接口定义见表 1-8。

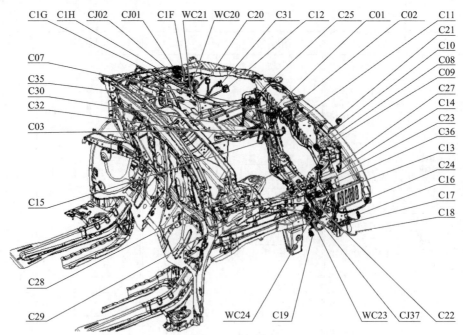

图1-3 前横梁线束

前横梁线束部分接口定义 表1-8

接口	定义	接口	定义
C01	接1号继电器座	C15	接散热器出水口冷却液温度传感器
C02	接2号继电器座	C17	接高压模块水泵

（2）前机舱线束常用前舱线束编号位置如图1-4、表1-9所示。

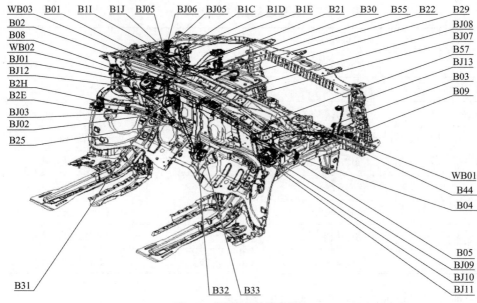

图1-4 常用前机舱线束编号

部分前机舱线束接口定义　　　　　　　　　　　　　　　　表1-9

接口	定义	接口	定义
B05	接ESC(车身电子稳定系统)-ECU	B32	接REPS(电动助力转向系统)-ECU
B22	接旋转变压器	B33	接REPS电动机
B25	接节气门位置传感器	B44	REPS搭铁
B29	接冷却液温度传感器	B55	接正极熔断丝盒
B30	接ACM(辅助控制模块)-ECU	B57	接热敏电阻(PTC)传感器
B31	接制动主缸行程传感器		

(3)仪表线束。常用仪表线束位置如图1-5所示,定义见表1-10。

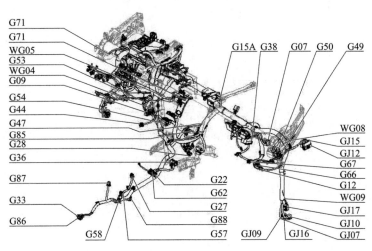

图1-5　常用仪表线束位置

前机舱线接口定义　　　　　　　　　　　　　　　　表1-10

接口	定义	接口	定义
G06	接1号CAN接头	G34	接右侧导光条
G07	接网关控制器	G35	接左侧导光条
G08	接1号继电器	G35B	接转接头Ⅲ
G11	接全景ECU	G37	接2号继电器座
G11B	接转接头Ⅳ	G87	接模式转换开关
G15A	接转接头Ⅱ	G90	接风口指示灯
G19	接蜂鸣器	G91	接风口指示灯

二、电路图样例

图1-6为比亚迪秦EV外后视镜脚灯电路图。

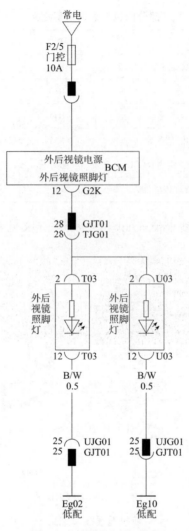

图1-6 外后视镜脚灯电路图

> 📖 **温馨小提示**
>
> 　　我国汽车工业不断发展，随着新技术和制造工艺的发展，汽车电路也有所改进，对于汽车电路的学习，我们要跟上时代和技术的进步，要不断地更新自己的知识。对汽车电路中出现的新技术，作为汽车方面的专业技术人才要学得会用得上，走上工作岗位能够做到举一反三，学以致用。
> 　　中国古人有句话："活到老学到老!"学习是人生的大事，也是掌握科学文化知识和其他各种知识、信息的唯一途径，只有学习才能不断进步，才能适应社会和企业的发展要求。

三、整车控制器电路分析

　　整车控制器（Vehicle Control Unit，VCU）电路主要分为电源线路、制动开关信号感知线路、节气门位置传感器线路、冷却风扇控制线路、真空泵控制线路、通信线路（P-CAN、

V-CAN)、挡位模式信号感知线路。比亚迪秦 EV VCU 工作原理如图 1-7 所示。首先，整车控制器会收集加速踏板信号以及压力传感器信号，也就是真空压电动真空泵的压力，一旦制动压力过低，会去控制一个制动真空泵进行抽真空，保证制动压力和制动安全。此外，还会控制无级风扇以低速运转或高速运转，信息共享功能是把电机控制器和空调控制器通过网关进行信息的共享，VCU 通过动力 CAN 总线和网关与智能钥匙模块和车身控制模块（Body Control Module，BCM）进行数据通信，解除防盗的功能。如果 CAN 中心或者网关有故障，整车的防盗功能不能解除，车辆也不能点亮"OK"指示灯。

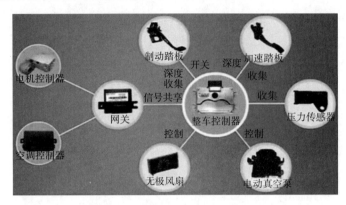

图 1-7　比亚迪秦 EV VCU 工作原理

1. VCU 电源电路

如图 1-8 所示，比亚迪秦 EV 的 VCU 电源电路是双路电源，燃油车没有充电工况，所以燃油车的模块除了常电还有上电时的 IG 电（点火系统电路）；而对于新能源汽车的部分模块（如蓄电池管理系统、DC/DC 变换器等），无论是上电还是充电都需要工作，所以除了常电以外的另外这路电源，不管在上电还是充电状态都应该供电，这路电源就叫作双路电，即上电加充电两路。对 VCU 来说，其电源是双路电，电动汽车上电时要供电，充电时也要供电。VCU 的供电原理是：踩制动踏板按下一键起动开关后，车辆的智能钥匙模块识别到合法钥匙以后要与车辆的蓄电池管理系统（BCM）模块通信，认证通过后，BCM 模块通过 G2H 插头的 1 号端子输出控制信号，控制 IG3 继电器线圈闭合。此时，12V 电源会通过前机舱配电盒的 K1-7 继电器的吸合，再经过 F1/12 熔断丝到 VCU 的 GK49 插头的 1 号和 2 号端子。所以，VCU 的供电是由 BCM 控制 IG3 继电器来供电的，线路上只有一个熔断丝，即位于前机舱配电盒的 F1/12，额定电流为 10A，当 IG3 继电器、熔断丝 F1/12 或者控制线路有问题时，整车控制器将不能工作，车辆仪表会出现检查动力系统故障的指示灯。

2. 制动开关电路

制动开关的作用是控制制动灯线路的导通和截止，以及反映驾驶人对车辆速度控制的操作意图。制动时，制动开关会切断巡航控制、启动防抱死制动系统（Antilock Braking System，ABS）、启动电机控制单元（Motor Control Unit，MCU）对能量的回收以及对整车高压上电的控制。在制动开关内部有两个触点，一个常开、一个常闭，制动信号有两个回路，当踩下制动踏板时，BCM 端口的两个信号电压 G21/24 端口由 12V 变为 0V，G2E/11 由 0V 变为 12V，也就是 BCM 端口的两个电压变化相反。而 VCU 端口的信号电压由 0V 变为 12V 两个回路路径分别为:制动信号1由MCU的G21至制动开关G28的2号端子,经过制动开关的常闭触点,再经过G28的1号端子搭铁;制动信号2由蓄电池正极经过F2/4、制动开关G28的4号端子常开触点和G28的3号端子,同时进入VCU的GK49的15号端子和BCM的G2E/11端子形成回路。制动信号2为辅助信号,VCU通过对检测到的制动信号1和2进行比对,来判断车辆当前状态是否符合运行状态,即制动踏板是否完全松开,制动力是否完全释放。如果制动信号2出现异常,VCU根据此信号判定制动踏板没有完全松开,制动力没有完全释放,VCU将发送信号至MCU,禁止车辆行驶,驱动电机无电流输出。图1-9为比亚迪秦EV制动开关电路图。

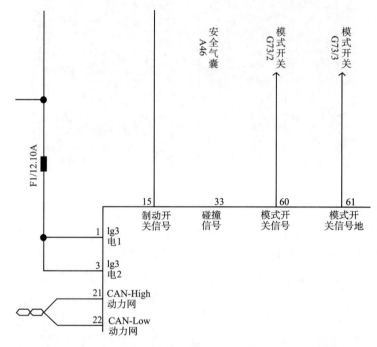

图1-8 比亚迪秦EV VCU电路图

3. 节气门位置传感器电路

图1-10为节气门位置传感器电路图。节气门位置传感器由两个传感器组成,分别有各自的供电电源、搭铁和信号线路,红色为电源线,绿色为信号线,灰色和深棕色为搭铁线。传感器1的信号电压采用滑线变阻器,电压范围在0.78~4.2V之间变化;传感器2的信号由于没有分压电阻分压,电压范围在0.35~2.1V之间变化。

VCU通过GK49/23端子输出5V电源至节气门位置传感器1的G44/3号端子,为传感器1提供5V参考电压,通过GK49/37端子与节气门位置传感器的G44/5端子之间的线路为传感器1提供搭铁回路,最后经过传感器的G44/4端子与VCU的GK49/62端子之间的线路,将反映加速踏板位置的信号输送给VCU。VCU通过端子GK49/24输出5V电源至节气门位置传感器2的G44/2端子,为传感器2提供5V参考电压,通过GK49/38端子与节气门位置传感器的G44/6端子之间的线路,为传感器2提供搭铁回路,最后经过传感器的G44/1端子与VCU的GK49/48端子之间的线路,将反映加速踏板位置的信号输送给VCU。节气门位置传感器 1 作为车辆速度和转矩需求的辅助信号,节气门位置传感器 2 作为车辆速度和转矩需求的主信号。如果节气门位置传感器 1 出现故障,VCU 将采用节气门位置传感器 2 信号作为依据,对车辆进行控制。如果节气门位置传感器 2 出现故障,VCU 将起动系统保护功能,即电机限功率,踩加速踏板加速时车辆速度无法提升。

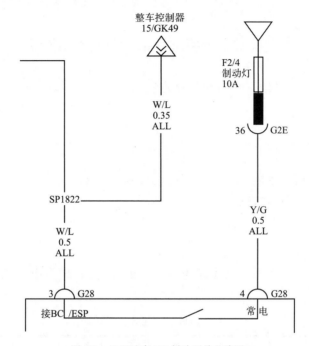

图 1-9　比亚迪秦 EV 制动开关电路图

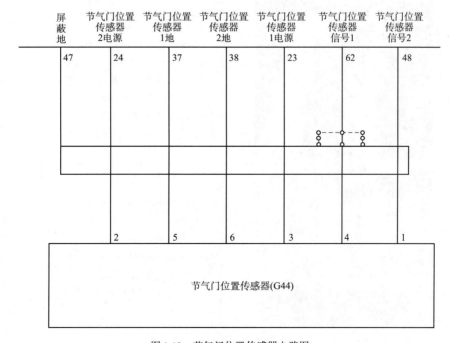

图 1-10　节气门位置传感器电路图

任务计划与决策

BCM 供电不正常的故障诊断与排除

【实训器材】

比亚迪秦 EV、故障诊断仪、常用工具、常用检测设备、个人防护用具和维修手册等。

【作业准备】

车辆在工位停放周正;铺好车内和车外防尘罩。

【操作步骤】

一、确认故障现象

BCM 供电不正常的
故障诊断与排除

根据客户描述的故障现象,检查组合仪表,发现仪表不点亮且无任何信息显示,车外灯光常亮无法关闭,刮水器低速运转同时洗涤器喷水。

二、故障检测

使用万用表检查 F1/50 熔断丝上游电压,实测电压为辅助蓄电池电压。故障检测操作见表 1-11。

故障检测操作表　　　　　　　　　　　　　　　表 1-11

序号	操作示意图	操作方法	操作标准
1		断开辅助蓄电池负极,等待5min,进行基本检查,检查 F1/50 熔断丝外观连接情况,确认其外观及连接是否正常。使用万用表检查 F1/50 熔断丝上游电压,实测电压为0V	标准电压:蓄电池电压
2		检查 F1/50 熔断丝,拔下 F1/50 熔断丝,目测检查,发现熔断。使用万用表检查 F1/50 熔断丝通断,实测电阻为0,熔断丝故障,应更换相同大小的熔断丝	标准电阻:小于1Ω

项目一　新能源汽车电气维修基础认知

续上表

序号	操作示意图	操作方法	操作标准
3		更换80A的F1/50熔断丝,测量熔断丝通断电阻小于1Ω。安装F1/50熔断丝	标准电阻:小于1Ω

竞赛小知识

在新能源汽车故障诊断与排除的竞赛中,要求对新能源整车常见的低压供电(含仪表)、充电、上电、驱动、暖风与空调等故障进行诊断与排除。在对故障进行线路检查时,不能只检测到某条线路,要精确到故障线路的铰接点。

三、竣工检验

(1)车辆上电,使用故障诊断仪对比亚迪秦 EV 进行故障码和数据流的读取,BCM 显示无故障码,确认故障已排除。

(2)整理、恢复作业场地。

工作任务单

BCM 供电不正常的故障诊断与排除		班级：	
^		姓名：	
1. 车辆信息记录			
品牌		整车型号		生产年月	
驱动电机型号		动力蓄电池电量		行驶里程	
车辆识别码					
2. 作业场地准备			
检查设置隔离栏			□是　□否
检查设置安全警示牌			□是　□否
检查灭火器压力、有效期			□是　□否
安装车辆挡块			□是　□否

续上表

3.记录故障现象	

4.使用诊断仪读取故障码、数据流	
故障码	
数据流	

5.绘制相关电路简图

6.故障检测

检测对象	检测条件	检测值	标准值	结果判断

7.故障确认

故障点	故障类型	维修措施

8.竣工检验		
车辆是否正常上电	□是	□否
9.作业场地恢复		
拆卸车内三件套	□是	□否
拆卸翼子板布	□是	□否
将高压警示牌等放至原位置	□是	□否
清洁、整理场地	□是	□否

1+X考评记录单

BCM供电不正常的故障诊断与排除				实习日期：			
姓名：		班级：		学号：		导师签名：	
自评：□熟练 □不熟练		互评：□熟练 □不熟练		师评：□合格 □不合格			
日期：		日期：		日期：			
【评分细则】							
序号	评分项	得分条件		分值	评分要求	自评	互评	师评

序号	评分项	得分条件	分值	评分要求	自评	互评	师评
1	安全/7S/态度	□能进行工位7S操作 □能进行设备和工具安全检查 □能进行车辆安全防护操作 □能进行工具清洁、校准、存放操作 □能进行"三不落地"操作	15	未完成1项扣3分,扣分不得超过15分	□熟练 □不熟练	□熟练 □不熟练	□合格 □不合格
2	专业技能能力	□能正确确认故障现象 □能规范拆装F1/50熔断丝 □能正确测量F1/50熔断丝上游电压 □能正确检测F1/50熔断丝的电阻值 □能确认BCM供电不正常的故障部位 □能规范修复BCM供电不正常的故障部位 □能规范验证BCM供电功能	50	未完成1项扣6分,扣分不得超过50分	□熟练 □不熟练	□熟练 □不熟练	□合格 □不合格
3	工具及设备的使用能力	□能正确使用故障诊断仪 □能正确使用万用表	10	未完成1项扣3分,扣分不得超过10分	□熟练 □不熟练	□熟练 □不熟练	□合格 □不合格
4	资料、信息查询能力	□能正确查询线束插接器端子含义 □能正确使用维修手册查询资料 □能正确记录查询资料章节及页码 □能正确记录所需维修信息	10	未完成1项扣3分,扣分不得超过10分	□熟练 □不熟练	□熟练 □不熟练	□合格 □不合格
5	数据判断和分析能力	□能判断F1/50熔断丝外观是否正常 □能判断F1/50熔断丝连接是否正常	10	未完成1项扣3分,扣分不得超过10分	□熟练 □不熟练	□熟练 □不熟练	□合格 □不合格

续上表

序号	评分项	得分条件	分值	评分要求	自评	互评	师评
6	表单填写、报告的撰写能力	☐字迹清晰 ☐语句通顺 ☐无错别字 ☐无涂改 ☐无抄袭	5	未完成1项扣1分,扣分不得超过5分	☐熟练 ☐不熟练	☐熟练 ☐不熟练	☐合格 ☐不合格
总分:							

任务二 元件识别检修

任务导入

汽车电路中的元件比较多,但主要是熔断丝、继电器、接插器和控制开关。不论是新能源汽车还是传统燃油汽车,一般在车辆的发动机/机舱和驾驶室内都会有专门的熔断丝和继电器的配电盒。熔断丝的主要作用是保护用电设备,一旦车辆熔断丝控制的回路中电流超过熔断丝的电流,熔断丝会先熔断,从而保护后级用电设备,防止损失的扩大。继电器主要是实现用小电流去控制大电流运作的一种"自动开关",故在电路中起着自动调节、安全保护、转换电路等作用。

任务目标

▶ 知识目标

1. 掌握熔断丝和继电器的作用原理;
2. 能够根据电路图查找分析电路的熔断丝盒、继电器以及开关元件。

▶ 技能目标

1. 能够根据故障现象找到电路对应的熔断丝和继电器;
2. 能够运用基本电路原理分析故障原因;
3. 能够运用电路图查找具体故障部位。

▶ 素质目标

1. 在操作过程中,树立安全意识包括人身安全和设备安全;
2. 通过制订故障检修流程,具备分析问题、解决问题的能力。

任务学时

建议学时:4学时

任务准备

一辆比亚迪秦EV,客户反映起动车辆后,汽车无反应,"OK"指示灯不能点亮,应急灯一直闪烁,仪表上除小汽车点亮及驻车制动灯点亮,其他信息没有任何显示,车外灯光可以正常点亮,仪表灯光符号正常显示。请根据该故障现象制订一份故障检修方案,并完成该故障的诊断与排除。

思想启迪:"三百六十行,行行出状元"。只要同学们对新能源汽车充满信心、由衷喜爱,做到干一行、爱一行,就一定能够在专业领域中获得骄人成绩,实现自我人生价值。请谈谈新能源汽车发展趋势及前景。

任务学习

一、车用熔断丝

1. 车用熔断丝的分类

随着新能源汽车的发展,车用熔断丝也在变化,传统燃油汽车由于没有高压系统,车用熔断丝都是低压熔断丝。按照熔断丝的耐压等级可以将其分为低压和高压两种类型。250V以下熔断丝称为低压熔断丝。目前,主流电动汽车上的高压直流都在1000V以下。我们现在所说的高压直流熔断丝,实际上是针对电动汽车电气系统中的习惯叫法。

熔断丝的额定电压是指熔断丝断开后所能承受的最大电压,熔断丝通电后,其两端所承受的电压远小于其额定电压,因此额定电压基本上无关紧要。在选用熔断丝的额定电压时,一般均要求其额定电压等于或大于有效电路电压,这样,220V的熔断丝显然可以用于110V/120V/127V的电路中。在低压直流电子电路中也可以使用交流熔断丝。

按照熔断丝的外观结构不同可以将其分为熔管式、插片式、缠丝式和绝缘体式,现代汽车上的低压熔断丝都选用插片式,高压熔断丝选用熔管式。由于高压熔断丝电流比较大、电压高、熔断热量较大,所以在熔断器的绝缘外体都用陶瓷材料,在内部一般封装灭弧材料防止火灾发生。图1-11是高压熔断丝;图1-12是低压熔断丝。

2. 车用熔断丝的构造

熔断丝由三部分组成：

（1）熔体部分。它是熔断丝的核心,熔断时起到切断电流的作用。同一类、同一规格熔断丝的电阻值应尽可能地小且要一致,其中最重要的是熔断特征要一致。

图 1-11　高压熔断丝

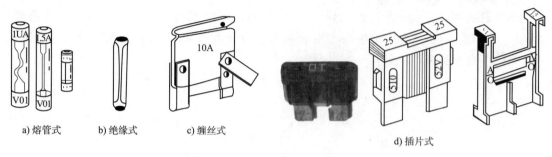

a) 熔管式　　b) 绝缘式　　c) 缠丝式　　d) 插片式

图 1-12　低压熔断丝

（2）电极部分。通常有两个,是熔体与电路连接的重要部件,它必须具有良好的导电性,不应产生明显的安装接触电阻。

（3）支架部分。支架的作用就是将熔体固定并使三个部分成为刚性的整体,以便于安装、使用,它必须有良好的机械强度、绝缘性、耐热性、阻燃性,在使用中不应产生断裂、变形、燃烧及短路等现象。

图 1-13 所示为插片式熔断丝的结构。

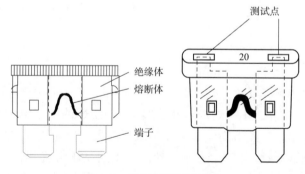

图 1-13　插片式熔断丝的结构

3. 车用熔断丝的选用

为使熔断丝能够起到应有的线路保护作用,所选熔断丝应与其连接的导线进行合理匹配,额定电流不宜过大或过小。若熔断丝的额定电流过大,当线路发生短路或过载时,最先熔断的将是导线,这种情况下,熔断丝起不到丝毫保护作用;若熔断丝的额定电流过小,会导致其频繁熔断,用电器乃至整条线路将无法正常工作。熔断丝与熔断器座上的端子配合,应经过电压降、温升试验以及插拔力试验验证,以保证熔断丝在该电路系统中的可靠性。整车线路从电流强度上可分为:高电流保护区,包括起动机线路、空调和电磁风扇线路等大容量用电器线路;中低电流保护区,通常指汽车线路中的中央控制盒,包括灯光和音响线路等电气设备线路。机舱熔断丝属于高电流保护区,一般采用盒式或螺栓固定式熔断丝,通常额定电流在30A以上,其熔断丝为慢熔熔断丝,能承受瞬间高电流、高脉冲,一般安装在蓄电池附件;中低电流保护区车内熔断丝盒属于低电流保护区,其熔断丝额定电流一般小于30A,为快熔熔断丝。可选用熔断丝的种类十分广泛,如片式熔断丝、Mini 熔断丝、电流盒式熔断丝和带有指示灯的熔断丝等。不同规格的熔断丝主要针对车上不同用电器而使用。例如,前照灯就需要容量大一点的熔断丝,收音机就可以使用容量小一点的熔断丝,一般选择熔断丝额定电流容量的75%为电器负载的工作电流。但当环境温度升高时,熔断丝的载流能力会下降。

> **想一想**
>
> 假如汽车上熔断丝熔断,能否更换比之前额定电流大的熔断丝?
> _____
> _____

4. 熔断丝的检测

(1)查看熔断丝的外观,观察熔断丝是否熔断。

(2)用万用表测量熔断丝两端的电阻,如电阻值为 0.1~1.0Ω,是正常的。如果万用表电阻值显示为无穷大,就说明熔断丝已熔断。

比亚迪秦 EV 的前机舱熔断丝布置和主要控制器件如图 1-14、图 1-15 所示

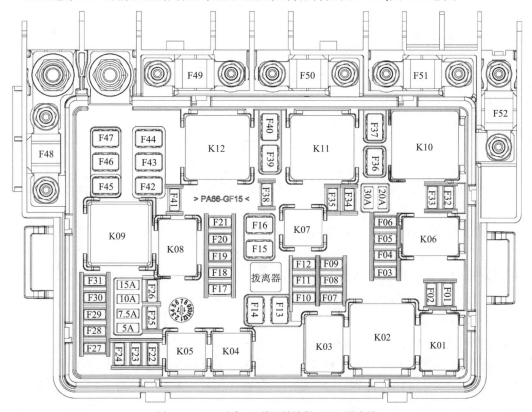

图 1-14　比亚迪秦 EV 前机舱熔断丝继电器编号

图 1-15　比亚迪秦 EV 前机舱熔断丝继电器实物

> **头脑风暴**
>
> 熔断丝熔断后能否直接更换新的同型号熔断丝？

二、车用继电器

继电器是一种用小电流控制大电流用电设备工作的自动控制器件。

1. 继电器的作用

最简单的汽车继电器就是起到改变控制线路的作用。它相当于一个开关,也起到增加电流的作用。其实,汽车继电器的作用和一般继电器的功能是一致的,主要起到"开关"的作用:

(1) 保护控制开关。控制开关只控制继电器线圈的通断,由继电器线圈产生的电磁力来通断控制开关要控制的电路。加继电器后,控制开关只流过较小的继电器线圈电流,因而开关就不容易损坏,使用寿命得以延长。

(2) 实现自动控制。一些继电器线圈电流由汽车电路中的某个工作电压控制,当电路中的受控电压达到设定的继电器动作电压时,继电器触点改变工作状态,从而实现自动控制。例如,起动机驱动保护继电器就可在发动机起动后,发电机发电,由发电机的中点电压使继电器触点打开,自动断开起动机电磁开关的电路。

2. 继电器的分类

新能源汽车的继电器大体分为两种,一种是控制系统额定电压是 12V 的低压继电器,如图 1-16 所示;另一种是控制高压系统工作的继电器,其控制电压也是 12V,但是继电器的被控部分是高压系统,如 PTC 加热器、高压正极母线、负极母线等高压部分,这种继电器也被称为接触器,如图 1-17 所示。

图 1-16　12V 低压继电器　　　　图 1-17　新能源汽车高压继电器

3. 继电器的结构和原理

低压继电器的结构如图 1-18 所示,其由电磁铁、衔铁、复位弹簧、触点等组成。高压继电器(图 1-19)由于控制电压和电流较大,继电器的高压触点内部可能会封装灭弧材料或者充有氮气、氩气等惰性气体。电磁继电器一般由铁芯、线圈、衔铁、触点簧片等组成,只要在线圈两端加上一定的电压,线圈中就会流过一定的电流,从而产生电磁效应,衔铁就会在电磁力吸引的作用下克服复位弹簧的拉力吸向铁芯,从而带动衔铁的动触点与静触点(常开触点)吸合。当线圈断电后,电磁的吸力也随之消失,衔铁就会在弹簧的反作用力下返回原来的位置,使动触点与原来的静触点(常闭触点)分离。

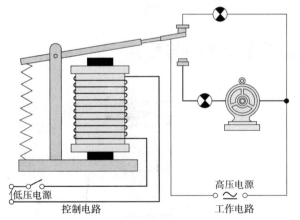 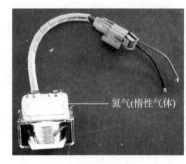

图 1-18　低压继电器结构与案例　　　　图 1-19　高压继电器内部

4. 新能源汽车高压继电器预充控制

新能源汽车高压继电器包括主正继电器、主负继电器和预充继电器。无论电动汽车是高压上电还是对动力蓄电池充电三个继电器的闭合是有顺序的,目的是缓冲高电压对后继用电设备的冲击,整车控制器唤醒蓄电池管理系统(Battery Management System,BMS),BMS进行自检和初始化,完成后上报给整车控制器。整车控制器发出高压供电指令闭合主负继电器,同时 BMS 按控制程序先闭合预充继电器。因电路中电机控制器和空调压缩机控制器等,其内均含有电容,为避免冲击,在放电模式初期,预充继电器闭合,需要小电流给各控制器电容充电,当电容两端电压接近动力蓄电池总电压时,断开预充继电器(图1-20)。

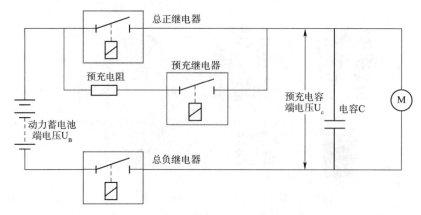

图1-20 高压继电器的工作示意图

5.继电器的检测

检测步骤如下。

(1)红黑表笔搭线,测试万用表是否正常。
(2)测量继电器线圈的电阻。
(3)接通电源测试继电器好坏。
(4)清洁场地,将工具归位。

任务计划与决策

IG3继电器的故障诊断与检测

【实训器材】

比亚迪秦EV、故障诊断仪、常用工具、常用检测设备、个人防护用具和维修手册等。

【作业准备】

车辆在工位停放周正;铺好车内和车外防尘罩。

【操作步骤】

IG3继电器的
故障诊断与检测

一、确认故障现象

根据客户描述的故障现象,检查组合仪表的故障提示,发现"OK"指示灯没有点亮,电驱动故障灯点亮,P挡指示灯闪烁。

二、利用故障诊断仪诊断故障

连接故障诊断仪,踩制动踏板并保持,按下一键起动开关。通过故障诊断仪与VCU进行通信,发现测试设备与汽车计算机不能通信,通过仪表显示的信息和故障诊断仪所读取的信息,初步判断为IC3继电器可能出现故障,故障部位可能是IG3继电器本身及线路。按照由简到难的故障诊断思路,先检测 IG3 继电器供电线路,再检查 IG3 继电器本身。

三、故障检测

使用万用表检查 F1/50 熔断丝上游电压,实测电压为辅助蓄电池电压。故障检测操作见表 1-12。

故障检测操作表　　　　　　　　　　　　　　　　　表 1-12

序号	操作示意图	操作方法	操作标准
1		断开辅助蓄电池负极,等待 5min,进行基本检查	检查 IG3 继电器外观及连接是否正常
2		连接辅助蓄电池负极,检查电压,检查 IG3 继电器供电线路,使用万用表检查 85、30 号针脚供电电压,应为辅助蓄电池电压	标准电压:辅助蓄电池电压

续上表

序号	操作示意图	操作方法	操作标准
3		断开辅助蓄电池负极,拔下IG3继电器,检测IG3继电器线圈,电阻正常	85、86两端子间电阻测量值:130Ω
4		静态检查IG3继电器开关,电阻无穷大,正常	测得阻值:电阻无穷大
5		动态检查IG3继电器开关,将IG3继电器85号针脚与86号针脚通电,检测开关电阻,实测值大于1Ω,根据检测结果判断IG3继电器开关故障,更换IG3继电器	检测开关电阻,标准值:小于1Ω
6		将IG3继电器85号针脚与86号针脚通电,检测开关电阻,标准值小于1Ω,实测值小于1Ω,正常	检测开关电阻,标准值:小于1Ω

> **竞赛小知识**
>
> （1）熔断器熔断后，必须查明原因，彻底排除故障。
> （2）更换熔断器时，一定要与原规格相同。
> （3）安装时先断电，要保证熔断器与熔断器支架接触良好。

四、竣工检验

（1）将起动开关置于"OFF"位置。
（2）安装所有诊断时拆下或更换的部件及插接器。
（3）将起动开关置于"ON"位置。
（4）读取并清除故障码。
（5）关闭起动开关60s。
（6）踩下制动踏板，打开起动开关，车辆仪表显示正常，高压上电正常。
（7）整理、恢复作业场地。

工作任务单

IG3 继电器的故障诊断与检测		班级：	
		姓名：	
1. 车辆信息记录			
品牌	整车型号	生产年月	
驱动电机型号	动力蓄电池电量	行驶里程	
车辆识别码			
2. 作业场地准备			
检查设置隔离栏		□是	□否
检查设置安全警示牌		□是	□否
检查灭火器压力、有效期		□是	□否
安装车辆挡块		□是	□否
3. 记录故障现象			
4. 使用诊断仪读取故障码、数据流			
故障码			
数据流			

续上表

5.绘制相关电路简图				

6.故障检测				
检测对象	检测条件	检测值	标准值	结果判断

7.故障确认		
故障点	故障类型	维修措施

8.竣工检验	
车辆是否正常上电	□是　□否

9.作业场地恢复	
拆卸车内三件套	□是　□否
拆卸翼子板布	□是　□否
将高压警示牌等放至原位置	□是　□否
清洁、整理场地	□是　□否

1+X 考评记录单

IG3 继电器的故障诊断与检测				实习日期：			
姓名：		班级：		学号：		导师签名：	
自评：□熟练 □不熟练		互评：□熟练 □不熟练		师评：□合格 □不合格			
日期：		日期：		日期：			
【评分细则】							

序号	评分项	得分条件	分值	评分要求	自评	互评	师评
1	安全/7S/态度	□能进行工位 7S 操作 □能进行设备和工具安全检查 □能进行车辆安全防护操作 □能进行工具清洁、校准、存放操作 □能进行"三不落地"操作	15	未完成 1 项扣 3 分，扣分不得超过 15 分	□熟练 □不熟练	□熟练 □不熟练	□合格 □不合格
2	专业技能能力	□能正确确认故障现象 □能规范拆装 BCM 的 G2H 线束插接器 □能正确检测继电器 IG3 自身故障 □能正确检测继电器 IG3 输出线路断路、虚接、短路故障 □能规范修复故障部位	50	未完成 1 项扣 6 分，扣分不得超过 50 分	□熟练 □不熟练	□熟练 □不熟练	□合格 □不合格
3	工具及设备的使用能力	□能正确使用故障诊断仪 □能正确使用万用表 □能正确使用示波器	10	未完成 1 项扣 3 分，扣分不得超过 10 分	□熟练 □不熟练	□熟练 □不熟练	□合格 □不合格
4	资料、信息查询能力	□能正确查询线束插接器端子含义 □能正确使用维修手册查询资料 □能正确记录查询资料章节及页码 □能正确记录所需维修信息	10	未完成 1 项扣 3 分，扣分不得超过 10 分	□熟练 □不熟练	□熟练 □不熟练	□合格 □不合格
5	数据判断和分析能力	□能判断 IG3 继电器元件是否正常 □能判断 IG3 继电器线路是否正常	10	未完成 1 项扣 3 分，扣分不得超过 10 分	□熟练 □不熟练	□熟练 □不熟练	□合格 □不合格

续上表

序号	评分项	得分条件	分值	评分要求	自评	互评	师评
6	表单填写、报告的撰写能力	□字迹清晰 □语句通顺 □无错别字 □无涂改 □无抄袭	5	未完成1项扣1分,扣分不得超过5分	□熟练 □不熟练	□熟练 □不熟练	□合格 □不合格
总分:							

项目测评

一、填空题

1. 车用继电器按形状分为_____、_____、_____、_____。
2. 低压继电器由_____、_____、_____、_____等组成。
3. 继电器作用是_____、_____。
4. 插片式熔断丝主要由_____、_____和_____组成。

二、判断题

1. 测量汽车线路电阻前应该先断电。　　　　　　　　　　　　　　　(　　)
2. 电气原理图中的所有元件均按未通电状态或无外力作用时的状态画出。(　　)
3. 继电器的作用是用小电流控制大电流器件。　　　　　　　　　　　(　　)
4. 使用万用表测量继电器的电阻前应先对接正负表笔校表。　　　　　(　　)

三、简答题

简述 IG3 继电器的检测方法。

项目二 新能源汽车照明与信号系统检修

任务一 自动变光系统检修

任务导入

目前,各种型号的汽车均装有远光灯和近光灯两种灯。当在晚间会车时就需要驾驶人手工操作变换灯光。手工操作的不便分散了驾驶人的注意力,增加了驾驶人的操作量。因而,有些驾驶人在晚间会车时,不愿变换灯光,仍用远光灯,造成对方车辆行驶困难,甚至引起交通事故。因此,为了避免驾驶人眩目、减少安全隐患、提高车辆的安全性能,现代很多车辆前照灯采用了自动变光技术。

任务目标

▶ 知识目标
1. 掌握新能源汽车自动变光系统的工作原理;
2. 掌握新能源汽车自动变光系统总成的拆卸与安装。

▶ 技能目标
1. 能够具备正确使用新能源汽车常用拆卸工具的能力;
2. 能够具备规范拆卸与安装新能源汽车自动变光系统总成的能力。

▶ 素质目标
1. 能够在工作过程中与小组其他成员合作、交流,养成团队合作意识,锻炼沟通能力;
2. 养成7S的工作习惯;
3. 养成服从管理、规范作业的良好工作习惯。

任务学时

建议学时:4学时

任务准备

近日,某比亚迪汽车 4S 店接到一辆比亚迪秦 EV 用户反映:车辆前雾灯、后雾灯均不亮,其他灯光正常。经过比亚迪 4S 店维修技师检测:初步认为线路故障或灯光组合开关自身部分故障,需要选择正确工具对车辆故障进行检测并修复。

思想启迪:当前,我国新能源汽车发展已实现弯道超车,不管市场保有量还是新能源汽车关键技术已取得重大发展和突破,多数国产新能源汽车都配置有自适应远、近光切换功能。请以小组为单位查询整理 5 款国产配置有自适应远近光切换功能的车型。

任务学习

一、前照灯自动变光系统的结构与工作原理

前照灯自动变光系统的单眼摄像机传感器安装在内后视镜上,该传感器可自动评估车辆前方的情况(前方车辆、对面来车、街灯等),通过在远光和近光之间自动切换,提高远光的使用频率(图 2-1)。这不仅改善了夜间驾驶时驾驶人的视野,也可使可视范围尽可能大,从而提高安全性。

此外,前照灯自动变光系统与自动车灯功能联动,降低了驾驶人操作远光/近光开关的频率,同时还可避免没有关闭远光的疏忽。

前照灯自动变光系统一般由光敏管及放大器单元(感光器)、灵敏度调节器、远/近光继电器、变光开关和前照灯闪光超车继电器等组成。光敏管及放大器单元一般安装在后视镜支架上,也有的安装在前中

图 2-1 前照灯自动变光系统的功能

网与散热器之间,用来感应对面汽车的光线。灵敏度调节器安装在灯光开关上,或装在灯光开关附近,驾驶人通过旋转灵敏度调节器便能调节前照灯自动变光系统的灵敏度。变光开关一般都设有闪光超车开关,如果接通(抬起或压下)闪光超车开关,远光灯将点亮。不论灯

光开关在前照灯挡或在远光或近光挡,驾驶人都可以直接操作闪光超车开关,会车时,接通近光灯,实现超车。会车结束时,光敏管和放大器单元使远/近光继电器的磁化线圈再次搭铁,远/近光继电器的近光触点断开,远光继电器闭合,前照灯电路由近光照明变为远光照明。比亚迪秦 EV 前照灯自动变光系统电路如图 2-2 所示。

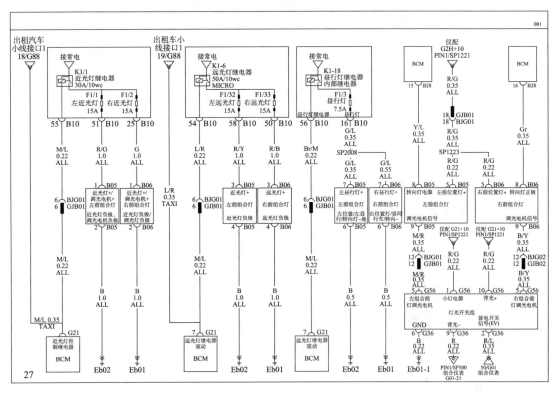

图 2-2　比亚迪秦 EV 前照灯自动变光系统电路

二、自动变光系统的控制电路

在使用前照灯时,把远光灯工作视为初始状态,在继电器 K 作用下将电源"+"与至远光灯丝的接线柱"1"接通。当迎面来车的灯光照射在光敏电阻 R_1 上时,R_1 的阻值将减小,晶体管 VT1 获得正向偏向偏压而导通,VT2 也导通,使得 VT3 截止而 VT4 导通,并把低电平信号送至功率晶体管 VT5 的基极,VT5 导通,使继电器 K 得电动作,断开远光灯丝接线柱而接通近光灯丝接线柱,此时,汽车前照灯由远光工作转换成近光工作。

当两车交会之后,变光器光敏电阻 R_1 上的光信号消失,R_1 阻值增大,晶体管 VT1 截止,VT2 也截止,VT3 导通,VT4 截止,输出高电平至 VT5 的基极,VT5 截止,切断继电器 K 线圈中的电流,其触点恢复接通远光灯丝接线柱,即恢复前照灯的远光工作。

如果前照灯处于远光灯工作状态,打开机械式变光开关 S 时,S 就由"a"位置转到"b"位置,此时继电器 K 的线圈可由电源"+"→"b"→继电器线圈→接地而获得电流,于是继电器 K 得电动作,使多谐振荡器停滞不再振动。自动变光系统控制电路如图 2-3 所示。

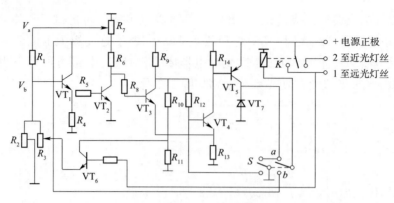

图 2-3　自动变光系统控制电路

三、诊断流程

1. 电路简图

电路简图参考图 2-2。

2. 诊断步骤

步骤1	检查右近光灯灯泡

(1) 拆卸右近光灯灯泡。
(2) 确认灯泡灯丝是否熔断。

　　否 转至步骤 3

是

步骤2	检查右近光灯灯泡

(1) 更换有故障的近光灯灯泡。
(2) 确认近光灯是否工作正常。

　　是 系统正常

否

步骤3	检查熔断丝

用万用表检查仪表板配电盒 F2/33、F2/42 熔断丝通断。

正常:保险导通。

　　是 系统正常

下一步

步骤4	检查线束(组合开关电源线束)

(1) 断开组合开关连接器 G02。
(2) 电源打到"ON"挡。

(3) 检查端子电压或电阻(表2-1)。

检查线束端子电压　　　　　　　　　　　　　　　　　　表2-1

端子	线色	正常情况
G02-5-车身地	R/W	11～14V
G02-6-车身地	W	11～14V
G02-3-车身地	B	小于1V

否 〉更换线束

是 〉

步骤5	检查组合开关

(1) 不断开组合开关连接器 G02。
(2) 电源打到"ON"挡。
(3) 从 G02 后端引线,检查端子值(表2-2)。

检查组合开关端子电压　　　　　　　　　　　　　　　　表2-2

端子	线色	条件	正常情况
G021-1-车身地	P	始终	2.5～3.5V
G02-2-车身地	V	始终	1.5～2.5V

是 〉更换组合开关

下一步 〉

步骤6	系统正常

任务计划与决策

近光灯不工作的检修

【实训器材】
比亚迪秦 EV、故障诊断仪、常用工具和维修手册等。
【作业准备】
车辆在工位停放周正;铺好车内和车外防尘罩。
【操作步骤】

一、确认故障现象

根据客户描述的故障现象,打开近光灯开关,右侧近光灯不能点亮。

近光灯不工作的检修

> **温馨小提示**
>
> 不按要求使用远光灯是眼睛和夜间安全驾驶的第一杀手。据权威部门统计,夜间行车中30%~40%车祸源于滥用远光灯。因不当使用远光灯引发驾驶人冲突、群殴事件也频频发生。
>
> 一般中高档汽车都装配了自动感应前照灯,能够根据环境的明暗开闭和调节灯光的亮度,使汽车与自然融合得更紧密,这也是促进人、车、自然、社会和谐的一个方面。建设和谐社会要靠大家共同努力,驾驶人在出行过程中应不开"斗气车",不做"路怒族"。

二、利用故障诊断仪诊断故障

连接故障诊断仪,按下一键起动开关,打开故障诊断仪进入BCM模块,读取故障码和数据流。车辆下电后,清除故障码;车辆再次上电后,使用诊断仪再次读取故障码并和之前的故障码进行对比,分析故障码的性质。

三、故障检测

故障检测操作见表2-3。

故障检测操作表　　　　　表2-3

序号	操作示意图	操作方法	操作标准
1		测量辅助蓄电池电压,万用表红黑表笔分别接蓄电池正、负接线柱	正常情况下应为11~14V
2		操作起动开关,使电源至"OFF"挡,断开辅助蓄电池负极,拔掉线束插接器B06,测量近光灯线束插接器B06端子1对地电压值	正常情况下应为11~14V

续上表

序号	操作示意图	操作方法	操作标准
3		检查右近光灯供电熔断丝 F1-2 输出端电压值	熔断丝正常输出电压值应为 11～14V
4		检查右近光灯供电熔断丝 F1-2 电阻值	熔断丝正常电阻值 < 1Ω
5		检查右近光灯供电熔断丝 F1-2 输出端对地电阻值	对地电阻标准值为 ∞

四、竣工检验

(1) 起动车辆,验证右近光灯是否正常工作。
(2) 整理、恢复作业场地。

工作任务单

近光灯不工作的检修		班级:	
		姓名:	
1. 车辆信息记录			
品牌	整车型号	生产年月	
驱动电机型号	动力蓄电池电量	行驶里程	
车辆识别码			
2. 作业场地准备			
检查设置隔离栏		□是	□否
检查设置安全警示牌		□是	□否
检查灭火器压力、有效期		□是	□否
安装车辆挡块		□是	□否
3. 记录故障现象			
4. 使用诊断仪读取故障码、数据流			
故障码			
数据流			
5. 绘制相关电路简图			

续上表

6.故障检测

检测对象	检测条件	检测值	标准值	结果判断

7.故障确认

故障点	故障类型	维修措施

8.竣工检验

右近光灯是否正常工作	□是　□否

9.作业场地恢复	
拆卸车内三件套	□是　□否
拆卸翼子板布	□是　□否
将高压警示牌等放至原位置	□是　□否
清洁、整理场地	□是　□否

🎯 1+X考评记录单

近光灯不工作的检修			实习日期：	
姓名：	班级：	学号：	导师签名：	
自评：□熟练　□不熟练	互评：□熟练　□不熟练	师评：□合格　□不合格		
日期：	日期：	日期：		
【评分细则】				

序号	评分项	得分条件	分值	评分要求	自评	互评	师评
1	安全/7S/态度	□能进行工位7S操作 □能进行设备和工具安全检查 □能进行车辆安全防护操作 □能进行工具清洁、校准、存放操作 □能进行"三不落地"操作	15	未完成1项扣3分,扣分不得超过15分	□熟练 □不熟练	□熟练 □不熟练	□合格 □不合格
2	专业技能能力	□能正确拆装右近光灯灯泡 □能正确拆装前照灯线束插接器 □能正确拆装右近光灯熔断丝	50	未完成1项扣5分,扣分不得超过50分	□熟练 □不熟练	□熟练 □不熟练	□合格 □不合格

续上表

序号	评分项	得分条件	分值	评分要求	自评	互评	师评
3	工具及设备的使用能力	□能正确使用维修工具	10	未完成1项扣3分,扣分不得超过10分	□熟练 □不熟练	□熟练 □不熟练	□合格 □不合格
4	资料、信息查询能力	□能正确使用维修手册查询资料 □能正确记录查询资料章节及页码 □能正确记录所需维修信息	10	未完成1项扣3分,扣分不得超过10分	□熟练 □不熟练	□熟练 □不熟练	□合格 □不合格
5	数据判断和分析能力	□能判断灯泡灯丝的好坏 □能判断熔断丝的好坏	10	未完成1项扣3分,扣分不得超过10分	□熟练 □不熟练	□熟练 □不熟练	□合格 □不合格
6	表单填写、报告的撰写能力	□字迹清晰 □语句通顺 □无错别字 □无涂改 □无抄袭	5	未完成1项扣1分,扣分不得超过5分	□熟练 □不熟练	□熟练 □不熟练	□合格 □不合格
总分:							

任务二 转向信号系统检修

任务导入

汽车转向信号灯装于汽车前、后、左、右四个角,用于汽车转弯时发出明暗交替的闪光信号,使前后车辆、行人、交警理解其行驶方向。行车过程中,转向灯除了基本的提示转弯、换道功能以外,有时也是驾驶人之间交流的信号。正确合理地运用转向灯,可以让我们在路上更加自如,同时也能减少误会。若汽车转向信号系统无法正常工作,将会给行车带来安全隐患。

任务目标

知识目标

1. 掌握新能源汽车转向信号系统的工作原理;
2. 掌握新能源汽车转向信号系统故障诊断流程与注意事项;
3. 掌握新能源汽车转向信号系统的开关、控制器、灯泡、插座、接头和导线的测试和更换方法。

▶▶ **技能目标**

1. 具备正确使用汽车电器故障诊断常用工具的能力；
2. 具备规范检查、测试、维修或更换新能源汽车转向信号系统的开关、控制器、灯泡、插座、接头和导线的能力。

▶▶ **素质目标**

1. 具备与本专业职业发展相适应的劳动素养、劳动技能；
2. 勇于奋斗、乐观向上，具备职业生涯规划能力，有较强的集体意识和团队合作精神；
3. 履行道德准则和行为规范，具有社会责任感和社会参与意识。

任务学时

建议学时：4学时

任务准备

近日，某比亚迪汽车 4S 店接到一辆比亚迪秦 EV 用户反映：右前组合灯（转向灯）不亮，其他转向灯正常。经过比亚迪汽车 4S 店维修技师检测：初步认为线路故障或灯泡故障，需要选择正确工具对故障进行检测并修复。

思想启迪：车辆灯光的作用就是保证行车安全和行人及交通安全，所以驾驶人时刻要有安全意识。汽车灯光也是社会道德、社会秩序的一种表现。有了汽车灯光，行车更安全，道路更有秩序，社会更文明。车辆如果不按规定使用灯光如何处罚？请查询《道路交通安全违法行为记分管理办法》。

任务学习

一、转向信号系统的操作与使用场景

在启用转向信号灯时，前后转向信号灯和侧转向信号灯闪烁，发出转向信号。转向信号灯仅在电源模式至"ON"状态时工作。转向信号灯由转向柱右侧的灯开关控制，往上或往下

拨动操纵杆(超过止动点)将启用和关闭前后及侧转向信号灯。在转弯结束后,将操纵杆返回水平位置,转向信号灯停止闪亮。

在换道或小幅度转弯时,由于转向盘转角不大,可能无法取消转向信号,因此,仅将信号操纵杆转至一个止动位置并保持在此位置。当操纵杆松开后,操纵杆返回水平位置,转向信号即被取消。

当遥控防盗系统工作时,BCM可以控制转向指示灯闪烁,表明遥控防盗系统的工作状态。

转向信号灯的正确使用场景如下:
(1)进入高速公路时开启左转向灯。
(2)驶离高速公路时开启右转向灯(距出口500m)。
(3)辅路驶入主路时开启左转向灯。
(4)主路驶入辅路开启右转向灯。
(5)进入环岛时不用开启转向灯,驶离环岛时开启右转向灯。
(6)停车入位前向车位一侧开启转向灯。

二、转向信号灯组成及位置

汽车转向信号灯主要用来指示车辆行驶方向,当遇到特殊情况时,所有转向信号灯会同时闪烁,作为危险警告信号。

转向信号灯电路主要由转向信号灯、闪光器、转向灯开关等组成,电路及其实物如图2-4所示。

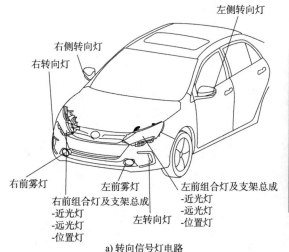 

a) 转向信号灯电路　　　　　　　　b) 转向信号灯实物

图2-4　比亚迪转向信号灯电路及实物

三、诊断流程

1. 电路简图

电路简图如图2-5所示。

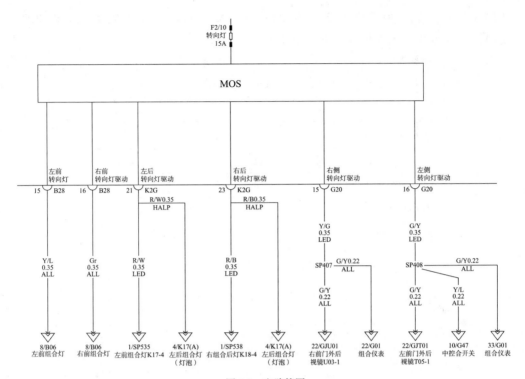

图 2-5　电路简图

2. 诊断步骤

| 步骤 1 | 检查转向灯灯泡 |

（1）拆卸转向灯灯泡，检查灯泡灯丝。

（2）确认灯泡灯丝是否熔断。

　　　是 〉更换灯泡

否

| 步骤 2 | 检查熔断丝 |

用万用表检查仪表板配电盒 F2/10 熔断丝通断。

正常：熔断丝导通。

　　　是 〉更换熔断丝

否

| 步骤 3 | 检查闪光继电器 |

换用新的闪光继电器，检查功能是否正常。

　　　否 〉功能正常，结束

是

| 步骤 4 | 检查线束（BCM-转向灯） |

(1)断开灯泡连接器(左前 B05,右前 B06,左后 K17,右后 K18,左侧 T03,右侧 U03)。
(2)断开仪表板配电盒连接器 K2G、G2D、B2B(图 2-6)。

左前转向灯

端子	线色	正常情况
B05-8-B2B-15	W/R	小于1Ω

右前转向灯

端子	线色	正常情况
B06-8-B2B-16	W/R	小于1Ω

左侧转向灯

端子	线色	正常情况
T03-1-G2D-16	B/W	小于1Ω

右侧转向灯

端子	线色	正常情况
U03-1-G2D-15	B/Y	小于1Ω

左后转向灯

端子	线色	正常情况
K17-4-K2G-21	R	小于1Ω

右后转向灯

端子	线色	正常情况
K18-4-K2G-23	Br	小于1Ω

搭铁

端子	线色	正常情况
B05-6-车身地	B	小于1V
K17-5-车身地	B	小于1V
T03-7-车身地	B	小于1V
U03-7-车身地	B	小于1V
K18-5-车身地	B	小于1V
B06-6-车身地	B	小于1V

图 2-6 参考标准

否 更换线束

是

步骤5	更换 BCM

下一步	
步骤6	系统正常

任务计划与决策

转向信号系统检修

【实训器材】

警示标志、警示隔离带、绝缘手套、橡胶手套、绝缘垫、绝缘帽、绝缘鞋、护目镜、绝缘工具、万用表、绝缘测试仪、比亚迪秦 EV 整车。

【作业准备】

检查车辆运行状况,检查万用表、绝缘测试仪是否工作正常,检查绝缘帽、护目镜、绝缘鞋、绝缘垫有无损坏。

【操作步骤】

一、确认故障现象

起动车辆,将灯光组合开关旋至右转向灯挡,右前转向灯不工作,其他转向灯正常。

二、利用故障诊断仪诊断故障

连接故障诊断仪,按下一键起动开关,打开故障诊断仪进入 VCU 模块,读取故障码和数据流。车辆下电后,清除故障码;车辆再次上电后,使用诊断仪再次读取故障码并和之前的故障码进行对比,分析故障码的性质。

三、故障检测

故障检测操作见表2-4。

故障检测操作表　　　　表2-4

序号	操作示意图	操作方法	操作标准
1		测量辅助蓄电池电压,万用表红黑表笔分别接蓄电池正负接线柱	正常情况下应为 11～14V

续上表

序号	操作示意图	操作方法	操作标准
2		装上蓄电池负极,打开转向开关,测 B06-8 对地电压值	正常情况下应为 11～14V
3		测转向灯正极供电 B2B-16 对地电压值	正常情况下应为 11～14V
4		测转向灯正极供电 B2B-16～B2B-8	正常线路标准电阻值 <1Ω

四、竣工检验

(1)起动车辆,验证右前转向灯是否正常工作。

(2)整理、恢复作业场地。

工作任务单

转向信号系统检修		班级:	
			姓名:	
1.车辆信息记录				
品牌		整车型号		生产年月	
驱动电机型号		动力蓄电池电量		行驶里程	
车辆识别码					

续上表

2. 作业场地准备		
检查设置隔离栏	□是	□否
检查设置安全警示牌	□是	□否
检查灭火器压力、有效期	□是	□否
安装车辆挡块	□是	□否

3. 记录故障现象

4. 使用诊断仪读取故障码、数据流	
故障码	
数据流	

5. 绘制相关电路简图

6. 故障检测

检测对象	检测条件	检测值	标准值	结果判断

7. 故障确认

故障点	故障类型	维修措施

续上表

8.竣工检验		
右前转向灯是否正常工作	□是	□否
9.作业场地恢复		
拆卸车内三件套	□是	□否
拆卸翼子板布	□是	□否
将高压警示牌等放至原位置	□是	□否
清洁、整理场地	□是	□否

1+X考评记录单

转向信号系统检修			实习日期：		
姓名：	班级：		学号：	导师签名：	
自评：□熟练 □不熟练	互评：□熟练 □不熟练		师评：□合格 □不合格		
日期：	日期：		日期：		
【评分细则】					
序号	评分项	得分条件	分值	评分要求	自评	互评	师评
1	安全/7S/态度	□能进行工位7S操作 □能进行设备和工具安全检查 □能进行车辆安全防护操作 □能进行工具清洁、校准、存放操作 □能进行"三不落地"操作	15	未完成1项扣3分，扣分不得超过15分	□熟练 □不熟练	□熟练 □不熟练	□合格 □不合格
2	专业技能能力	□能正确检查数字绝缘测试仪开路检测并确认电阻无穷大 □能正确检查进行数字绝缘测试仪短路检测并确认电阻<1Ω □能确认数字绝缘测试仪上"TEST"功能正常 □能正确检测绝缘垫绝缘性且佩戴绝缘手套与护目镜 □能正确检修转向灯泡 □能正确检修熔断丝 □能正确检修线路通断	50	未完成1项扣5分，扣分不得超过50分	□熟练 □不熟练	□熟练 □不熟练	□合格 □不合格
3	工具及设备的使用能力	□能正确使用维修工具 □能正确使用绝缘电阻仪 □能正确使用万用表	10	未完成1项扣3分，扣分不得超过10分	□熟练 □不熟练	□熟练 □不熟练	□合格 □不合格

续上表

序号	评分项	得分条件	分值	评分要求	自评	互评	师评
4	资料、信息查询能力	□能正确查询电路图 □能正确使用维修手册查询资料 □能正确记录查询资料章节及页码 □能正确记录所需维修信息	10	未完成1项扣3分,扣分不得超过10分	□熟练 □不熟练	□熟练 □不熟练	□合格 □不合格
5	数据判断和分析能力	□能判断灯泡熔断丝是否熔断 □能判断熔断丝是否熔断 □能判断线路是否正常	10	未完成1项扣3分,扣分不得超过10分	□熟练 □不熟练	□熟练 □不熟练	□合格 □不合格
6	表单填写、报告的撰写能力	□字迹清晰 □语句通顺 □无错别字 □无涂改 □无抄袭	5	未完成1项扣1分,扣分不得超过5分	□熟练 □不熟练	□熟练 □不熟练	□合格 □不合格

总分：

项目测评

一、填空题

1. 汽车前照灯一般由_____、_____、_____三部分组成。
2. 汽车转向灯兼有_____功能和_____功能。
3. 控制转向灯闪光频率的是_____。
4. 制动灯灯光的颜色应为_____。

二、判断题

1. 接地点 G28 故障引起左、右转向灯无法正常工作。（   ）
2. 接地点 G30 故障引起危险报警闪光灯无法正常工作。（   ）
3. 危险报警开关输送电压信号给 BCM 开启危险报警闪光灯。（   ）
4. 在汽车前照灯中一般采用双丝灯泡,远光灯灯丝设置在凹面镜的焦点上方才能使灯光光束照射距离更远。（   ）

三、简答题

简述比亚迪秦 EV 转向灯的工作原理。

项目三
新能源汽车仪表与报警系统检修

任务一 仪表系统检修

任务导入

现代社会,汽车已成为人们生活工作中重要的交通工具,为使驾驶人随时了解汽车各主要系统的工作是否正常,及时发现和排除可能出现的问题,在汽车驾驶人易于观察的转向盘前方面板上都装有仪表系统,包含各种指示仪表、报警灯及电子显示装置。新能源汽车仪表系统主要包括蓄电池电量表、生态/运动(ECO/SPORT)模式指示、功率表、车速表、挡位显示、里程表、续驶里程、充电显示等。

任务目标

▶ 知识目标

1. 掌握新能源汽车仪表系统的工作原理;
2. 掌握新能源汽车仪表系统故障诊断流程与注意事项;
3. 掌握新能源汽车仪表照明电路的印刷电路板、开关、继电器、灯泡、插座、接头、导线和控制器的更换方法。

▶ 技能目标

1. 具备正确使用汽车电器故障诊断常用工具的能力;
2. 具备规范检查、测试、维修或更换新能源汽车仪表、报警电路印刷电路板、开关、继电器、灯泡、插座、接头、导线和控制器的能力。

▶ 素质目标

1. 在操作过程中说出新能源汽车仪表的使用方法,提升语言表达能力;
2. 具备严谨细致的职业素养。

📎 任务学时

建议学时:4学时

📎 任务准备

近日,某比亚迪汽车4S店接到一辆比亚迪秦EV用户反映:组合仪表不显示。经过维修技师检测:初步认为线路故障或组合仪表总成故障,需要选择正确工具对故障进行检测并修复。

思想启迪:我国著名企业家——世界"汽车玻璃大王"曹德旺先生,福耀玻璃创始人。福耀玻璃占据国内市场70%份额、全球市场30%份额,请你列举哪些汽车品牌使用福耀玻璃?简画福耀玻璃标志。

📎 任务学习

一、仪表的唤醒与睡眠

(1)仪表睡眠。当点火开关供电系统(IGN)起动仪表唤醒显示LOGO后进入功能主界面,背光点亮。

(2)仪表唤醒但液晶显示屏(LCD)和背光熄灭。当IGN起动仪表唤醒显示LOGO后进入功能主界面,背光点亮。

(3)仪表唤醒且LCD点亮。IGN起动仪表正常工作但不显示LOGO。

(4)仪表睡眠当位置灯点亮,仪表被唤醒,可显示发光二极管(LED)报警灯但LCD不点亮。

(5)仪表睡眠当有CAN信号时,分以下情况:

①CAN数据有充电信号、四门两盖信号和无钥匙系统(PEPS)报警信号时LCD被点亮。

②CAN数据有除充电信号、四门两盖信号和无钥匙系统(PEPS)报警信号外的信号时LCD不被点亮。

组合仪表从起动开关打开—MCU收到该信号—MCU初始化完成—MCU开始收发CAN报文应在500ms内完成。

对于背光通过位置的灯控制情况见表3-1。

背光通过位置灯控制情况　　　　　　　　表3-1

位置灯	CAN网络	ON电	仪表显示功能
关闭	关闭	关闭	睡眠,接收到需要显示的信息时应予以显示
开启	关闭	关闭	唤醒,显示默认显示界面及接收到的信息
—	开启	关闭	唤醒,显示接收到的CAN信息
—	—	开启	唤醒,显示接收到的信息

二、新能源汽车常用仪表

汽车仪表是汽车系统中重要的组成部分,传统的电磁机械仪表系统臃肿、布线复杂、占用空间大、显示信息有限,已无法满足汽车智能化发展的需求。汽车仪表的电子化使得仪表可以快速、准确地获得行车过程中车辆的信息,如胎压监测、安全气囊、制动装置等,驾驶人可通过仪表显示的各种信息及时了解并掌握汽车的运行状态,能快速、准确地处理各种状况。汽车液晶仪表的推出可提高电控单元的利用率以及增大电控单元的通信速率、可靠性和准确率,是汽车电子化发展的必然趋势。图3-1所示为比亚迪秦EV仪表盘。

图3-1　比亚迪秦EV仪表盘

比亚迪秦EV配备了液晶显示仪表,中央为8.8in(约2.54cm)全液晶显示屏,其中8.8in(约2.54cm)显示屏和12.8in(约32.51cm)中控台显示屏可实现"智能双屏互动"功能。

1. 转速表

转数表以数显的形式指示当前驱动电机转速。仪表显示转速范围是(0~80)×100r/min。

2. 动力蓄电池电量表

动力蓄电池电量表以柱状条形式显示当前动力蓄电池剩余电量,实时显示当前剩余电量,当动力蓄电池电量过低时,动力蓄电池电量表的柱状条的颜色变为红色,此时请及时充电;当动力蓄电池电量充足时,动力蓄电池电量表的柱状条的颜色为蓝色。在充电情况下,电量进度条会出现上涨动画,同时在旁边会显示充电剩余时间或快充模式。

比亚迪秦EV充满电后仪表盘显示总里程为421km,如图3-2所示,随着行驶里程的增加,动力蓄电池电量表柱状条逐渐变短。图3-3所示为续驶里程为270km时的电量显示,剩余里程较少时,柱状条变成红色,当电量即将耗尽时,会有"请及时充电"的提示,如图3-4所示。

 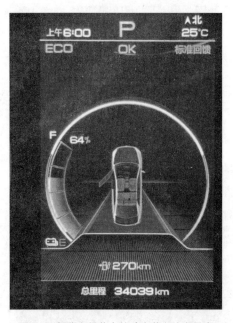

图3-2 满电状态的动力蓄电池电量表　　图3-3 部分电量状态的动力蓄电池电量表

3. ECO/SPORT 指示

车辆有2种驾驶模式:ECO 模式、SPORT 模式。ECO 模式为车辆行驶的默认模式。SPORT 模式为运动挡,当驾驶人按下"SPORT MODE"开关,车辆将进入 SPORT 模式,此时控制系统将使车辆具有更好的动力性能,同时也会造成电能消耗增加。SPORT 模式下仪表背景光显示为橙色,其他情况下背光颜色均为蓝色(整车上电时仪表背光颜色也默认为蓝黑色)。图3-5为车辆进入 ECO 模式。

 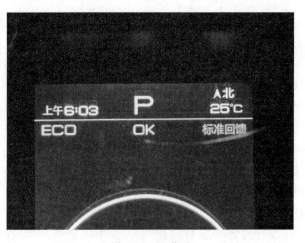

图3-4 蓄电池电量不足提示　　　　　　图3-5 ECO 指示

4. 功率表

功率表用于显示车辆当前驱动电机的输出功率大小,以柱状条的形式显示当前功率值。当功率表显示正功率时,此时仪表显示的功率的柱状条为蓝色,表明驱动电机正在消耗电能输出功率。图 3-6 所示为比亚迪秦 EV 功率表。

当功率表显示为负功率时,仪表显示的功率的柱状条变为绿色,说明驱动电机正在发电并给动力蓄电池充电。

5. 车速表

车速表以指针形式指示当前车速,车速表显示车速范围为 0～240km/h,最小分度为 10km/h。在点火后,仪表的车速表中的指针会回零,即指针指向 0 km/h 的刻度线,若指针没有回零,应联系服务商。图 3-7 所示为比亚迪秦 EV 车速表。

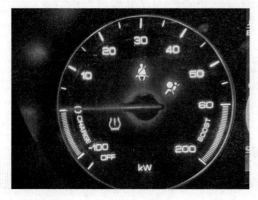

图 3-6　功率表

图 3-7　车速表

6. 小计里程

小计里程显示范围 0.0～999.999km,当达到最大值后,小计里程显示从 0.0km 开始重新计算。小计里程显示上次小计里程复位或者动力蓄电池上电后行驶的全部里程。如果仪表动力蓄电池电丢失并超过仪表设定的缓冲时间,小计里程值将被清零。

7. 总计里程

总里程显示范围 0～999.999km,当总里程达到最大值后,它的显示保持不变。

8. 挡位显示

显示汽车当前挡位,共有 R、N、D、P 四个挡位,默认挡位为 N 挡。在挡位切换时,会出现挡位切换跳转的动画,待切换完成后,只显示当前挡位,其他挡位不显示。当挡位切换出现不是 R、N、D、P 四个挡位中的任意一个错误挡位时,仪表显示前一次挡,并以挡位闪烁的方式提示。例如,图 3-8 中挡位显示为 D 挡,图 3-9 中挡位显示为 P 挡。

9. 续驶里程

续驶里程不可修改,是通过处理计算得出的,显示仅依靠动力蓄电池中的电量支持该车行驶的最远里程。

10. 充电显示

(1)在 IGN OFF 下仪表收到 VCU 发出的充电信号时显示充电界面。

(2)在充电过程中显示充电电流和充电剩余时间。

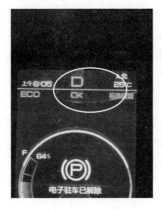 

图 3-8　D 挡　　　　　　图 3-9　P 挡

（3）仪表收到 VCU 发出的开始充电信号时充电线连接指示。

（4）充电完成后仪表收到 VCU 发出的充电完成信号时显示充电完成，不显示充电电流和充电剩余时间。

（5）第一次进入充电界面后 LCD 亮 3min 后亮度会变暗一级。

（6）LCD 亮度变暗一级后打开右前门后再关上时，LCD 会变亮 1min 后再次变暗，门开变亮功能可重复使用。

（7）仪表收到 VCU 发出的未充电信号或连续 500ms 接收不到 VCU 发出的充电信号时不显示充电界面。

（8）在 IGN OFF 下仪表收到 VCU 发出的充电时间反馈信号时显示充电剩余时间。

（9）在 IGN OFF 下仪表收到 VCU 发出的充电模式信号时显示快充模式。

三、诊断流程

1. 电路简图

电路简图如图 3-10 所示。

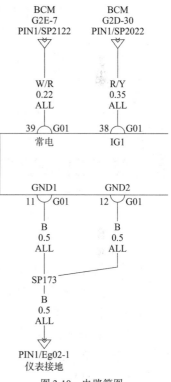

图 3-10　电路简图

2. 诊断步骤

步骤1	检查熔断丝

用万用表测量 IG1 F2/33、常电电源熔断丝 F2/42 熔断丝是否正常。

正常：熔断丝导通

否　更换熔断丝

是

步骤2	检查线束

断开组合仪表 G01 连接器,检查线束端连接器各端子(表 3-2、表 3-3)。

标准电压　　　　　　　　　　　　　　　表 3-2

检测仪连接	条件	规定状态
G01-38-车身搭铁	"ON"挡电	11～14V
G01-39-车身搭铁	始终	11～14V

标准电阻　　　　　　　　　　　　　　　表 3-3

检测仪连接	条件	规定状态
G01-11-车身搭铁	始终	小于 1Ω
G01-12-车身搭铁	始终	小于 1Ω

否 → 更换线束或连接器

是

步骤 3	更换组合仪表

下一步

步骤 4	系统正常

任务计划与决策

仪表系统检修

【实训器材】

警示标志、警示隔离带、绝缘手套、橡胶手套、绝缘垫、绝缘帽、绝缘鞋、护目镜、绝缘工具、万用表、绝缘测试仪、比亚迪秦 EV 整车。

【作业准备】

检查车辆运行状况,检查万用表、绝缘测试仪是否工作正常,检查绝缘帽、护目镜、绝缘鞋、绝缘垫有无损坏。

【操作步骤】

一、确认故障现象

起动车辆,组合仪表不显示。

仪表系统检修

二、利用故障诊断仪诊断故障

连接故障诊断仪,按下一键起动开关,打开故障诊断仪进入 BCM 模块,读取故障码和数据流。车辆下电后,清除故障码;车辆再次上电后,使用诊断仪再次读取故障码并和之前的故障码进行对比,分析故障码的性质。

三、故障检测

故障检测操作见表3-4。

故障检测操作表　　　　　　　　　　　　　　　表3-4

序号	操作示意图	操作方法	操作标准
1		测量辅助蓄电池电压，万用表红黑表笔分别接蓄电池正负接线柱	正常情况下应为11～14V
2		检测组合仪表G01端子39对地电压	正常情况下应为11～14V
3		检测组合仪表供电熔断丝F2-42输出端对地电压值	正常情况下应为11～14V
4		检测组合仪表供电熔断丝F2-42电阻值	正常熔断丝电阻值<1Ω

续上表

序号	操作示意图	操作方法	操作标准
5		检测组合仪表供电熔断丝 F2-42 对地电阻值	正常熔断丝对地电阻值为∞

四、竣工检验

（1）起动车辆，组合仪表是否正常显示。
（2）整理、恢复作业场地。

工作任务单

仪表系统检修				班级：	
				姓名：	
1. 车辆信息记录					
品牌		整车型号		生产年月	
驱动电机型号		动力蓄电池电量		行驶里程	
车辆识别码					
2. 作业场地准备					
检查设置隔离栏				□是	□否
检查设置安全警示牌				□是	□否
检查灭火器压力、有效期				□是	□否
安装车辆挡块				□是	□否
3. 记录故障现象					

续上表

4. 使用诊断仪读取故障码、数据流	
故障码	
数据流	

5. 绘制相关电路简图

6. 故障检测

检测对象	检测条件	检测值	标准值	结果判断

7. 故障确认

故障点	故障类型	维修措施

8. 竣工检验

组合仪表是否正常工作	□是　□否

9. 作业场地恢复

拆卸车内三件套	□是　□否
拆卸翼子板布	□是　□否
将高压警示牌等放至原位置	□是　□否
清洁、整理场地	□是　□否

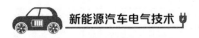

1+X考评记录单

仪表系统检修			实习日期：				
姓名：		班级：		学号：		导师签名：	
自评：□熟练 □不熟练		互评：□熟练 □不熟练		师评：□合格 □不合格			
日期：		日期：		日期：			
【评分细则】							
序号	评分项	得分条件		分值	评分要求	自评	互评	师评
1	安全/7S/态度	□能进行工位7S操作 □能进行设备和工具安全检查 □能进行车辆安全防护操作 □能进行工具清洁、校准、存放操作 □能进行"三不落地"操作		15	未完成1项扣3分,扣分不得超过15分	□熟练 □不熟练	□熟练 □不熟练	□合格 □不合格
2	专业技能能力	□能正确检查数字绝缘测试仪开路检测并确认电阻无穷大 □能正确检查进行数字绝缘测试仪短路检测并确认电阻<1Ω □能确认数字绝缘测试仪上"TEST"功能正常 □能正确检查位置灯工作状态 □能正确检测组合仪表线束插接器IP16端子20的电压 □能正确测量组合仪表线束插接器IP16端子20与室内熔断丝继电器盒线束插接器IP01端子33之间的电阻 □能正确测量组合仪表线束插接器IP16端子16与车身接地之间的电阻		50	未完成1项扣5分,扣分不得超过50分	□熟练 □不熟练	□熟练 □不熟练	□合格 □不合格
3	工具及设备的使用能力	□能正确使用维修工具 □能正确使用绝缘电阻仪 □能正确使用万用表		10	未完成1项扣3分,扣分不得超过10分	□熟练 □不熟练	□熟练 □不熟练	□合格 □不合格
4	资料、信息查询能力	□能正确查询电路图 □能正确使用维修手册查询资料 □能正确记录查询资料章节及页码 □能正确记录所需维修信息		10	未完成1项扣3分,扣分不得超过10分	□熟练 □不熟练	□熟练 □不熟练	□合格 □不合格

续上表

序号	评分项	得分条件	分值	评分要求	自评	互评	师评
5	数据判断和分析能力	□能判断位置灯是否正常工作 □能判断线路是否正常 □能判断线路绝缘性是否正常	10	未完成1项扣3分,扣分不得超过10分	□熟练 □不熟练	□熟练 □不熟练	□合格 □不合格
6	表单填写、报告的撰写能力	□字迹清晰 □语句通顺 □无错别字 □无涂改 □无抄袭	5	未完成1项扣1分,扣分不得超过5分	□熟练 □不熟练	□熟练 □不熟练	□合格 □不合格
总分:							

任务二　报警系统检修

任务导入

现代新能源汽车一般装有微处理器控制单元,具有故障自诊断系统,可以用它来对汽车内传动系统、控制系统各部分工作状态进行自动检查和监测。当汽车出现故障时,装在仪表板上的故障指示灯就会点亮,以警告车主汽车可能出问题了。

任务目标

▶ 知识目标

1. 掌握新能源汽车报警系统的工作原理;
2. 掌握新能源汽车报警系统的故障诊断流程与注意事项。

▶ 技能目标

1. 具备正确使用汽车电器故障诊断常用工具的能力;
2. 具备规范检查、测试、维修或更换仪表、仪表传感器及插接器、导线、控制器和仪表电路的印刷电路板的能力;
3. 具备规范检查、测试、维修或更换电子仪表电路的控制器、传感器、传感装置、接头和导线的能力;
4. 具备规范检查、测试、维修或更换报警灯、指示灯和驾驶人信息系统电路的控制器、灯泡、插座、接头、电子器件和导线的能力。

▶ 素质目标

1. 小组合作、合理分工,共同协作完成工作任务,具备团队合作意识;
2. 工作中展现乐观自信、不懈进取的工作态度;

3.养成服务从管理、规范作业的良好工作习惯。

任务学时

建议学时:4学时

任务准备

近日,某比亚迪汽车4S店一辆比亚迪秦EV用户反映:后雾指示灯、后雾灯均不亮,其他灯光正常。经过维修技师检测,初步认为线路故障或灯光组合开关自身部分故障,需要选择正确工具对故障进行检测并修复。

思想启迪:随着汽车使用年限和行驶里程的增加,难免会发生各种故障和报警,如果行驶在高速公路上车辆发生报警出现故障,如何处理?查阅《中华人民共和国道路交通安全法》。

任务学习

一、新能源汽车报警系统

新能源汽车故障灯分为指示灯、警告灯、指示/警告灯三类,用颜色代表故障程度,红色代表"危险/重要提醒",黄色代表"警告/故障",绿色/蓝色/白色代表"指示/确认启用"。车辆起动后或行驶中,计算机会定时对传感器发来的数据进行检查,如果发现异常,计算机就点亮仪表上相应的故障灯,通过故障灯的方式来提醒驾驶人及时进行维修处理,以免故障恶化。对于专业的维修技师来说,故障灯可以作为对故障进行初步判断的依据。

1. 充电指示灯

一般由于存放时间过长或者过量使用蓄电池、DC/DC变换器故障,不能给12V蓄电池充电、DC/DC变换器熔断丝熔断、连接DC/DC变换器至12V蓄电池端的线束问题等情况会导致充电指示灯点亮,如图3-11所示。

2. 系统故障灯

系统故障灯常亮或者闪烁,整车不能上电,"OK"灯不亮,如图3-12所示。

图 3-11　充电指示灯　　　　　图 3-12　系统故障灯

系统故障灯点亮的可能原因有：①整车控制器 VCU 严重故障；②整车 CAN 通信存在短路/断路故障；③制动真空压力传感器异常；④高压系统（动力蓄电池/电机/压缩机整车控制器）互锁系统故障；⑤冷却风扇驱动故障；⑥逆变器驱动继电器驱动故障；⑦加速踏板故障；⑧压缩机或 PTC 驱动故障；⑨电机转矩监控故障；⑩低压主继电器驱动故障。

3. 充电线连接指示灯

充电线连接时指示灯点亮，如图 3-13 所示。充电枪线缆接触不好时，显示"请连接充电枪"。

4. 功率限制指示灯

整车处于限功率状态时功率限制指示灯点亮，如图 3-14 所示，主要原因为电机或电机控制器过热或电量不足。此灯亮，若是蓄电池电量即将耗尽，请就近寻找充电站充电；若此灯还亮，请联系比亚迪服务站。

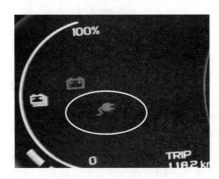 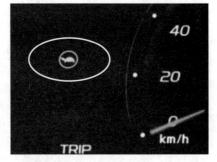

图 3-13　充电线连接指示灯　　　　　图 3-14　功率限制指示灯

5. 电机及电机控制器过热指示灯

如该灯点亮，请检查冷却液是否充足、水泵是否正常工作。

6. 动力蓄电池故障灯

动力蓄电池故障灯亮主要原因有：BMS 故障、采集板故障、动力蓄电池电芯故障。如该灯点亮，可停车断电直至指示灯灭后再行驶。若动力蓄电池故障灯报警频繁，应联系服务站。

比亚迪秦 EV 还设有多个警告灯、指示灯，见表 3-5。

比亚迪秦EV部分警告灯、指示灯　　　　表3-5

名称	图标	工作逻辑
转向指示灯		仪表通过硬线采集组合开关转向信号
远光灯指示灯		组合仪表接收到远光灯"开启"的CAN信息时,点亮此灯并长亮;接收到远光灯"关闭"的CAN信息时,此灯熄灭,此指示灯和远光灯同步工作
示廓灯指示灯		从组合开关接收前照灯开关信号(CAN)
后雾灯指示灯		从组合开关接收后雾灯开关信号(CAN)
驾驶人座椅安全带指示灯		从BCM接收安全带开关信号(CAN)
安全气囊(SRS)故障警告灯		从安全气囊系统接收安全气囊故障信号
ABS故障警告灯		接收网关发送的ABS故障信息,点亮指示灯,CAN线断线点亮
驻车制动故障警告灯		从驻车制动开关接收驻车信号(硬线);从制动液位开关接收制动液位信号(硬线);当组合仪表采集到"EBD故障"信号(CAN)
电动助力转向(EPS)故障警告灯	(红色)	CAN通信传输,EPS控制单元发送EPS故障指示信号给组合仪表,仪表CPU命令指示灯点亮
智能钥匙系统警告灯		从智能钥匙系统读取钥匙信息(CAN)
定速巡航主显示指示灯	(绿色)	CAN通信传输,电机控制器发送开关量信号给组合仪表,仪表CPU根据信号处理此指示灯状态
定速巡航主控制指示灯	SET(绿色)	CAN通信传输,电机控制器发送开关量信号给组合仪表,仪表CPU根据信号处理此指示为状态
车门和行李舱状态指示灯		从BCM接收各门和行李舱开关状态(CAN)
主告警灯		接收到故障信息及提示信息(除背光调节、车门及行李舱状态信息外)
充电系统故障警告灯	(红色)	CAN线传输DC及充电系统故障信号,组合仪表控制指示灯点亮

7. 声音报警

当多个蜂鸣器报警功能同时发生时,高优先级的报警将优先被激活。低优先报警进行中,如果有高优先级报警发生,低优先级报警在当前的一个声音循环完成后,高优先级报警起动;高优先级报警进行中,如果有低优先级报警发生,低优先级报警在高优先级报警完成后,低优先级报警起动。

优先级如下:PEPS报警大于车门开报警大于倒车雷达报警大于超速报警大于安全带未

系报警大于位置灯未关报警,见表3-6。

声音报警优先级　　　　　　　　　　　　　　　　　　　　表3-6

功能	触发条件	报警频率(Hz)	鸣响时间和间隔
PEPS报警	1. 仪表收到电子转向柱锁解锁失败信号。 2. 当收到电子转向柱锁锁止失败信号。 3. 收到智能钥匙不在车内信号。 4. 收到防盗锁止系统(IMMO)认证失败信号。 注:PEPS报警优先级与PEPS显示优先级一致	868.0	蜂鸣器鸣响10s或直到报警状态解除
车门开报警	车辆向前行驶且车速大于10km/h,至少一个门打开	578.7	直到所有门都关闭后或车速降为0km/h时,蜂鸣器停止鸣响
倒车雷达报警	1. 报警区域1:$D \leq 40cm$。 2. 报警区域2:$40cm < D \leq 100cm$。 3. 报警区域3:$100cm < D \leq 150cm$。 4. 报警区域4:$150cm < D$。 注:D为报警区域距离	578.7	报警区域1:长鸣响。 报警区域2:4Hz鸣响。 报警区域3:2Hz鸣响。 报警区域4:不报警
超速报警	车速超过120km/h时超速报警触发	868.0	蜂鸣器1Hz鸣响10s或车速低115km/h时,蜂鸣器停止鸣响
安全带未系报警	1. 起动后,当车辆向前行驶速度达到25km/h时,若主驾驶人安全带未系或副驾驶人安全带未系或主副驾驶人安全带任意一个系上的安全带被解开,蜂鸣器被激活,直到主副驾驶人安全带都被系上或蜂鸣器常鸣 2. 蜂鸣器处于未激活状态,车速由25km/h降到0km/h以下,重新提速至25km/h,安全带报警被重新激活 3. 蜂鸣器处于激活状态,当其中一个系上的安全带打开并满足报警条件时,蜂鸣器再次被激活,蜂鸣器常鸣 4. 当车辆挂倒挡,再次选择前进挡,如果主驾驶安全带未系或副驾驶安全带未系,当车速大于10 km/h时,蜂鸣器被激活,直到主副驾驶安全带都被系上或车速降为0km/h时,蜂鸣器停止鸣响。 注:对于出租版车辆,不具备副驾驶人安全带未系报警功能	651.0	蜂鸣器常鸣
位置灯未关报警	仪表收到位置灯未关报警	578.7	长鸣响或位置灯关闭时,蜂鸣器停止鸣响

8. 自检

起动开关从"ACC"挡调整到"ON"挡,组合仪表应进行自检,以提示驾驶人车辆的运行状况。目前仪表对所有 LED 指示灯进行自检,自检时间大约 3s。自检期间允许外部信号触发各指示灯。

二、雾灯指示灯的工作原理

雾灯是汽车上的一种辅助照明设备,主要用于在雾天、雨天、雪天等低能见度情况下提高行车安全。雾灯电路是控制雾灯打开和关闭的电路,其工作原理是通过控制电路中的开关,使电流流经雾灯,从而点亮雾灯。

雾灯电路主要由开关、继电器、熔断丝、电线等组成。当驾驶人需要使用雾灯时,通过车内的开关控制电路,使电流流经继电器的线圈,激活继电器。继电器的触点闭合,使电流从蓄电池正极流向雾灯,点亮雾灯。

在雾灯电路中,熔断丝起到保护电路的作用。当电路中出现短路或过载时,熔断丝会自动断开保护电路,避免电路损坏或引起火灾等危险情况。

除了开关、继电器、熔断丝等基本元件外,雾灯电路还可以加入其他元件,如电容、电阻等,以改变电路的特性。例如,加入电容可以使电路具有滤波作用,减少电路中的噪声干扰;加入电阻可以限制电流大小,保护电路中其他元件。图 3-15 比亚迪秦 EV 后雾灯电路图。

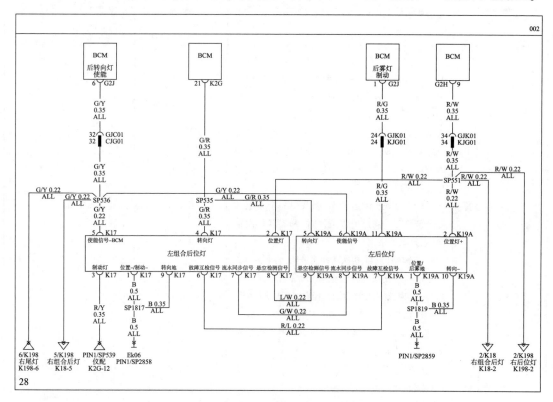

图 3-15　比亚迪秦 EV 后雾灯电路图

三、诊断流程

1. 电路简图

电路简图如图 3-16 所示。

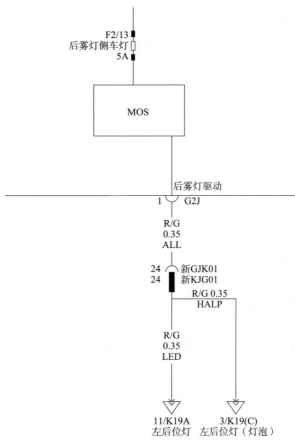

图 3-16　电路简图

2. 诊断步骤

步骤 1	一般检查

（1）检查组合仪表、灯光组合开关线束接头，有无破损、接触不良、老化、松脱等迹象。
（2）检查结果是否正常。

否　维修发现的故障

是

步骤 2	检查熔断丝

用万用表测量 F2/13 熔断丝电阻是否正常。
正常：熔断丝导通。

> 否 更换熔断丝

是

步骤3	检查灯泡

（1）断开左后位灯连接器 K19（A）。
（2）给灯泡两端加电压，检查灯泡（表3-7）。

检查情况　　　　　　　　　　　　　　　　　　　表3-7

端子	正常情况
K19（A）-11-蓄电池（+） K19（A）-11-蓄电池（-）	灯泡点亮

> 否 更换灯泡

是

步骤4	更换仪表板配电盒

下一步

步骤5	系统正常

任务计划与决策

报警系统检修

【实训器材】

警示标志、警示隔离带、绝缘手套、橡胶手套、绝缘垫、绝缘帽、绝缘鞋、护目镜、绝缘工具、万用表、绝缘测试仪、比亚迪秦 EV 整车。

【作业准备】

检查车辆运行状况，检查万用表、绝缘测试仪是否工作正常，检查绝缘帽、护目镜、绝缘鞋、绝缘垫有无损坏。

【操作步骤】

一、确认故障现象

起动车辆，将灯光组合开关调至后雾灯挡，后雾指示灯不亮。

二、利用故障诊断仪诊断故障

连接故障诊断仪，按下一键起动开关，打开故障诊断仪进入 BCM 模块，读取故障码和数据流。车辆下电后，清除故障码；车辆再次上电后，使用诊断仪再次读取故障码并和之前的故障码进行对比，分析故障码的性质。

报警系统检修

三、故障检测

故障检测操作见表 3-8。

故障检测操作表　　　　　　　　　　　表 3-8

序号	操作示意图	操作方法	操作标准
1		测量辅助蓄电池电压，万用表红黑表笔分别接蓄电池正负接线柱	正常情况下应为 11～14V
2		打开启动开关，灯光组合开关拨到"雾灯"挡，测量左后位灯 K19A 端子 11 对地电压值	正常情况下应为 11～14V
3		打开启动开关，灯光组合开关拨到"雾灯"挡，测量左后位灯 K19A 端子 11 对地电压值	正常情况下应为 11～14V
4		关闭点火开关，断开蓄电池负极线缆，测后雾灯供电 G2J-1 至中间插接器 GJK01-24 电阻值	正常线路电阻值 <1Ω

四、竣工检验

（1）起动车辆，验证雾灯是否正常工作。
（2）整理、恢复作业场地。

工作任务单

报警系统检修		班级：	
		姓名：	
1. 车辆信息记录			
品牌	整车型号		生产年月
驱动电机型号	动力蓄电池电量		行驶里程
车辆识别码			
2. 作业场地准备			
检查设置隔离栏		□是	□否
检查设置安全警示牌		□是	□否
检查灭火器压力、有效期		□是	□否
安装车辆挡块		□是	□否
3. 记录故障现象			
4. 使用诊断仪读取故障码、数据流			
故障码			
数据流			
5. 绘制相关电路简图			

续上表

6. 故障检测				
检测对象	检测条件	检测值	标准值	结果判断

7. 故障确认		
故障点	故障类型	维修措施

8. 竣工检验	
后雾灯是否正常工作	□是 □否

9. 作业场地恢复	
拆卸车内三件套	□是 □否
拆卸翼子板布	□是 □否
将高压警示牌等放至原位置	□是 □否
清洁、整理场地	□是 □否

1+X考评记录单

报警系统检修				实习日期：			
姓名：		班级：		学号：		导师签名：	
自评：□熟练 □不熟练		互评：□熟练 □不熟练		师评：□合格 □不合格			
日期：		日期：		日期：			
【评分细则】							
序号	评分项	得分条件	分值	评分要求	自评	互评	师评
1	安全/7S/态度	□能进行工位7S操作 □能进行设备和工具安全检查 □能进行车辆安全防护操作 □能进行工具清洁、校准、存放操作 □能进行"三不落地"操作	15	未完成1项扣3分,扣分不得超过15分	□熟练 □不熟练	□熟练 □不熟练	□合格 □不合格

续上表

序号	评分项	得分条件	分值	评分要求	自评	互评	师评
2	专业技能能力	□能正确检查数字绝缘测试仪开路检测并确认电阻无穷大 □能正确检查进行数字绝缘测试仪短路检测并确认电阻<1Ω □能确认数字绝缘测试仪上"TEST"功能正常 □能正确检测绝缘垫绝缘性且佩戴绝缘手套与护目镜 □能正确检修线路通断	50	未完成1项扣5分,扣分不得超过50分	□熟练 □不熟练	□熟练 □不熟练	□合格 □不合格
3	工具及设备的使用能力	□能正确使用维修工具 □能正确使用故障诊断仪 □能正确使用万用表	10	未完成1项扣3分,扣分不得超过10分	□熟练 □不熟练	□熟练 □不熟练	□合格 □不合格
4	资料、信息查询能力	□能正确查询电路图 □能正确使用维修手册查询资料 □能正确记录查询资料章节及页码 □能正确记录所需维修信息	10	未完成1项扣3分,扣分不得超过10分	□熟练 □不熟练	□熟练 □不熟练	□合格 □不合格
5	数据判断和分析能力	□能判断室内熔断丝继电器盒线束插接器SO15端子E与组合仪表线束插接器IP16端子2线束是否正常 □能判断室内熔断丝继电器盒线束插接器SO15端子E与组合仪表线束插接器IP16端子2之间线路是否正常	10	未完成1项扣3分,扣分不得超过10分	□熟练 □不熟练	□熟练 □不熟练	□合格 □不合格
6	表单填写、报告的撰写能力	□字迹清晰 □语句通顺 □无错别字 □无涂改 □无抄袭	5	未完成1项扣1分,扣分不得超过5分	□熟练 □不熟练	□熟练 □不熟练	□合格 □不合格
总分:							

项目测评

一、填空题

1. 组合仪表与各系统之间采用_____总线通信。

2. 行车计算机多功能显示屏可以_____车辆上故障信息。

3. CAN-High 对 CAN-Low 的电阻值一般为_____。

4. 汽车仪表电子化具有一"表"多用的功能,用一组显示器进行分时显示,并可同时显示_____,使组合仪表得以简化。

5. 比亚迪 EV450 车速超过_____km/h 时,超速报警触发。

6. PEPS 报警、车门开报警、倒车雷达报警、超速报警、安全带未系报警、位置灯未关报警优先级顺序为:_____ > _____ > _____ > _____ > _____ > _____。

二、判断题

1. 仪表睡眠是当 IGN 起动仪表唤醒显示 LOGO 后进入功能主界面,背光点亮。（   ）

2. 仪表睡眠是当位置灯点亮,仪表被唤醒,可显示 LED 报警灯但 LCD 不点亮。（   ）

3. 在界面切换功能时,若起动开关由"ON"变为"OFF",再由"OFF"变为"ON"时,开机动画后,显示默认界面。（   ）

4. 当多个蜂鸣器报警功能同时发生时,低优先级的报警将优先被激活。（   ）

三、简述题

填写表示指示灯的名称与颜色。

灯符号	指示灯	颜色
OFF（车辆打滑）		
READY		
EPS		
ECO / ECO+ / SPORT		

项目四 新能源汽车辅助电气系统检修

任务一 电动刮水系统的检修

任务导入

车辆电气系统的作用是保证驾驶辅助系统工作的可靠性和汽车基本功能的使用,同时也为了给汽车娱乐和通信设施供电。电气系统是汽车的重要组成部分之一,其性能好坏直接影响汽车的动力性、经济性、可靠性、安全性、舒适性以及排放等性能。新能源汽车的电动刮水系统是保证行车安全的重要系统,本任务通过比亚迪秦 EV 的电动刮水系统的组成作用结构与原理分析电动刮水系统,再通过电路图的识读与分析对电动刮水系统的故障检测诊断提高学生的职业能力和动手能力,培养学生的职业素养。

任务目标

▶ **知识目标**
1. 能够正确叙述电动刮水器和洗涤装置组成;
2. 能够正确描述电动刮水器和洗涤装置的工作原理。

▶ **技能目标**
1. 具备正确使用电动刮水系统的能力;
2. 具备能够独立完成洗涤系统工作电路检测;
3. 具备依据维修手册,对电动刮水器进行故障诊断排除。

▶ **素质目标**
1. 小组合作完成新能源汽车刮水系统日常养护,树立日常养护的安全意识;
2. 课后开展新能源汽车日常养护、清洗服务,提升社会服务能力;
3. 通过清洁、养护新能源汽车培养吃苦耐劳、勇于探索的工作精神。

项目四 新能源汽车辅助电气系统检修

任务学时

建议学时：4 学时

任务准备

一辆 2019 款比亚迪秦 EV，行驶了 6 万 km。客户李先生反映，打开车辆刮水喷水开关时，没有水喷出，刮水液充足，你能够根据客户反映这一现象，初步判断是哪个系统出现了故障吗？请学习相关知识，帮助客户分析故障原因，并在此基础上整理出你后面需要做的具体工作来有效处理当前故障。

思想启迪：汽车刮水系统是汽车的主要安全装置之一，它能够在雪天或雨天时将车窗上的雨滴和雪花消除，把在泥泞的道路上行驶时飞溅到前风窗上的泥水刮净，保证驾驶人的视野，确保车辆行驶的安全。刮水系统也经历了数次重大技术革新，请查询简述改变汽车刮水系统的四大重要发明。

任务学习

刮水和洗涤系统主要由刮水器臂总成、刮水连杆机构、刮水器洗涤管及喷嘴等组成，有点刮、间歇刮、慢刮、快刮等不同的刮水功能，旨在为驾驶人提供方便、安全、可靠的手段来保证风窗玻璃的视野。

一、刮水器

1. 刮水器的作用

为了保证驾驶人在雨天或雪天驾驶时有良好的视线，确保其行驶安全，在汽车的风窗玻璃上装有刮水器，电动刮水系统的动力源就是直流电机，通过传动机构，可以使刮水器臂在风窗玻璃的外表面上往复摆动，以扫除风窗玻璃上的雨水、积雪或灰尘。

2. 刮水器的组成

刮水器的组成如图 4-1 所示。

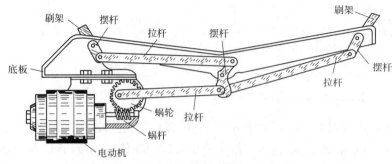

图 4-1 刮水器的组成

（1）刮水器片。刮水器片采用橡胶材质制成，具备耐热、耐寒、耐酸碱、抗腐蚀、能贴合风窗玻璃、减轻电动机负担、噪声小、拨水性强、质软不刮伤风窗玻璃等特点。

（2）刮水器臂。刮水器臂是刮水器传动机构和刮水器片间的连接件，它支撑刮水器片和使刮水器片贴在玻璃上，如图 4-2 所示。刮水器臂的固定部分大多为锌或铝铸件，要将刮水器臂拧到刮水器支撑轴的圆锥体上，刮水器臂的另一端为弓形套钩（弓钩），常为钢带，用以携带刮水器片。

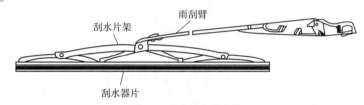

图 4-2 刮水片和刮水臂

（3）刮水器开关。刮水器开关为组合开关，如图 4-3 所示，一般安装于转向盘的右下侧，上下拨动可实现间歇、低速、高速和点动刮水，向转向盘方向拉动操纵杆，将启动风窗清洗刮水功能。驾驶人可根据雨量大小选择高速或低速刮水。

图 4-3 刮水器开关

3. 刮水器的工作原理

如图 4-4 所示，永磁式刮水器电动机是利用三个电刷，通过改变正、负电刷之间串联线圈的个数来实现变速的。

当驾驶人关闭刮水器开关，而刮水器片停留在风窗玻璃中间，将会影响驾驶人视线。因此，当刮水器片未停留在固定位置时，刮水器电动机将在刮水器开关关闭的状态下，继续运转直至刮水器片到达固定位置。固定位置为刮水器片静止在风窗玻璃最下端。此功能为复位功能，常见的有铜环式和凸轮式两种。铜环式刮水器复位装置在蜗轮上嵌有铜环。如图 4-5 所示，此铜环由两部分组成，其中一部分与电动机外壳相连（即搭铁）。触点臂具有弹性,蜗轮转动时,触点、蜗轮的端面和铜环保持接触。开关在"OFF"(关闭)挡位时,如果刮水器片没有停止到规定的位置(图4-5b),由于触点与铜环相接触,则电流继续流入电枢,电动机仍以低速运转直至蜗轮旋转至图4-5a)位置,电路中断。

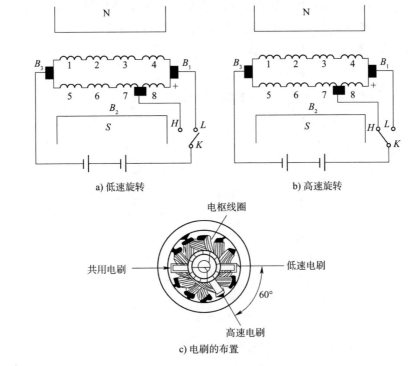

图 4-4 刮水器基本原理

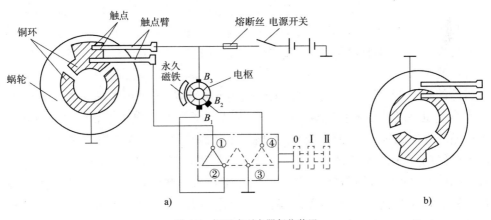

图 4-5 铜环式刮水器复位装置

二、洗涤器

1. 洗涤器的作用

为了保证在各种使用条件下,驾驶室的风窗玻璃表面干净、清洁,汽车上都装有风窗玻璃洗涤器和风窗玻璃刮水器,有些汽车还装有风窗玻璃除霜装置。洗涤器可在必要时向风窗玻璃喷水或专用清洗液(北方地区冬季不宜用水,以免冻裂储液罐或输液管),在刮水器的配合下,保持风窗玻璃洁净。

2. 洗涤器的组成原理

风窗玻璃洗涤器(图4-6)的功用是将清洁的水或洗涤液喷射到风窗玻璃上,在刮水器的作用下,清除风窗玻璃上的尘土和污物,使驾驶人有良好的视野。它主要由洗涤器电动机、洗涤器水泵、储液罐、喷嘴、水管等组成。

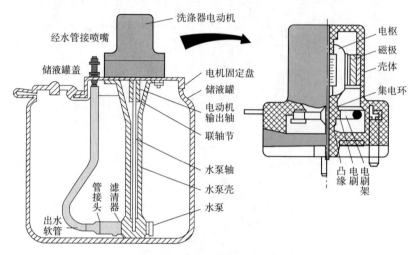

图4-6 风窗玻璃洗涤器

储液罐一般由塑料制成,内装清洗液或水。有些储液罐上装有液面位置传感器,用以监视储液罐中清洗液的多少。清洗泵就是喷水电动机,实际上是由一个小型直流电动机和一个小型离心式水泵共同构成的。它工作时可以将清洗液加压至70～88kPa,通过输液管及三通管送到喷嘴,然后喷洒到风窗玻璃表面。喷嘴安装在风窗玻璃下面(发动机舱盖后方),其喷射方向可以调整,使清洗液喷到合适位置。清洗泵连续工作时间一般不超过5s,无玻璃水时不要开动清洗泵。

在较冷的季节,有雨、雪、雾的天气,风窗玻璃上易结霜,另外由于车厢内外温差较大,车厢内的水蒸气也易凝结在风窗玻璃上而结霜,从而严重影响驾驶人的视线,因此,汽车上应安装风窗玻璃除霜装置。前、侧风窗/车窗玻璃上的霜层通常是在汽车空调系统的风道中,加设除霜器风门,利用空调系统中产生的暖气(或流动的空气),达到清除结霜的目的。对后风窗玻璃的除霜,常采用除霜热线。除霜热线是把数条电热线(镍铬丝)均匀地粘在后窗玻璃内部,各线两端相接形成并联电路,当两端加上电压后,各电热线即会升温而加热玻璃,从而达到防止或清除结霜的目的。

三、刮水器系统控制电路分析

刮水器系统挡位主要分为低速挡、高速挡、"OFF"挡、点动挡、间歇挡、洗涤挡,刮水系统的电路分为两部分,本任务以比亚迪秦EV为例介绍刮水系统。由于系统采用模块化设计,开关模块的信号都通过舒适CAN总线系统送入BCM控制模块,再由BCM根据开关模块的信号控制电机继电器的动作实现刮水电机的高低速以及间歇控制。刮水系统电路如图4-7所示。刮水电机控制电路如图4-8所示。

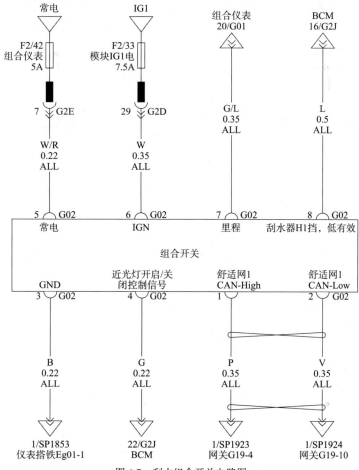

图4-7 刮水组合开关电路图

1. 组合开关电路分析

组合开关模块常电源是经过F2/42的熔断丝进入组合开关模块G02的5号脚为模块提供常电,工作电源由BCM控制的IG1继电器供给,经过室内熔断丝盒的F2/33熔断丝,进入开关模块的G02/6号端子,模块的搭铁线通过G02/3号端子过仪表搭铁。组合开关通过G02/1和2号端子一堆双绞线舒适CAN总线系统将驾驶人的开关操作信号输送给网关,在通过网关进入到BCM模块,BCM模块根基开关信号控制关税电机的继电器工作,实现高低速和间歇控制。

2. 刮水电机电路分析

刮水电机的电源由前机舱的F1/34熔断丝提供,刮水器的动作受控于两个继电器,一个是刮水开关继电器K1-23,另一个是刮水速度继电器K1-22继电器,受控于BCM计算机,具体工作过程分为以下几种情况。

(1) OFF挡。

BCM的G21/10和G21/11均为高电平信号,此时刮水系统不工作。

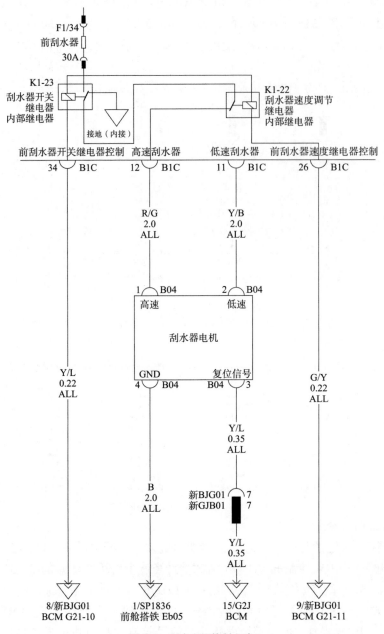

图 4-8 刮水电机控制电路

(2) 低速挡。

低速开关挡打开后,通过 CAN 总线系统进入网关再进入 BCM,BCM 通过 CAN 接收到低速开关打开信号后,控制刮水开关继电器 K1-23 和刮水速度继电器 K1-22 继电器同时工作,此时 BCM 的 G21/10 和 G21/11 均为低电平信号,两个继电器吸合后,电流经前舱的 F1/34 熔断丝和刮水开关继电器 K1-23,刮水速度继电器 K1-22 继电器进入到刮水电机的 B04/4 号端子,控制电机低速运转。

（3）高速挡。

高速开关挡打开后，通过 CAN 总线系统进入网关再进入 BCM，BCM 通过 CAN 总线接收到高速开关打开信号后，控制刮水开关继电器 K1-23 工作，此时 BCM 的 G21/10 位低电平信号，刮水速度继电器 K1-22 继电器不工作，此时 BCM 的 G21/11 均为高电平信号，只有开关继电器吸合，电流经前舱的 F1/34 熔断丝和刮水开关继电器 K1-23，刮水速度继电器 K1-22 继电器进入刮水电机的 B04/1 号端子，控制电机高速运转。

（4）点动挡。

电动挡打开后，通过 CAN 总线系统进入网关再进入 BCM，BCM 通过 CAN 总线接收到高速开关打开信号后，控制刮水开关继电器 K1-23 工作，此时 BCM 的 G21/10 位低电平信号，刮水速度继电器 K1-22 继电器不工作，此时 BCM 的 G21/11 均为高电平信号，只有开关继电器吸合，电流经前机舱的 F1/34 熔断丝和刮水开关继电器 K1-23，刮水速度继电器 K1-22 继电器进入刮水电机的 B04/1 号端子，控制电机高速运转。刮水器进行一个刮水循环，然后转回停止位置。如果此时刮水器片处在影响驾驶人视线的位置上，自动复位装置常闭触点打开，常开触点闭合，电动机内继续有电流通过，直到刮水器回到初始位置。

（5）洗涤挡。

BCM 的通过 CAN 总线接收到洗涤系统开启信号，控制洗涤电机的继电器工作，清洗泵电机工作，同时控制刮水开关继电器 K1-23 和刮水速度继电器 K1-22 继电器一起工作，此时 BCM 的 G21/10 和 G21/11 均为低电平信号，两个继电器吸合，刮水电机也会低速旋转。

> **温馨小提示**
>
> 刮水系统的工作如下：驾驶人操作开关手柄，组合开关是一个模块系统，本模块将驾驶人操作的高低速、间歇、喷水等的开关信号转化为电信号，这些信号在模块内景观舒适 CAN 总线进入网关，网关再与 BCM 模块通信，将驾驶人的信息传递给 BCM，BCM 计算机输出控制信号控制刮水电机继电器实现刮水系统的各种控制。

任务计划与决策

电动刮水器系统的检修

【实训器材】

比亚迪秦 EV、故障诊断仪、常用工具和维修手册等。

【作业准备】

检查举升机；车辆在工位停放周正；铺好车内和车外防尘罩。

【操作步骤】

电动刮水器
系统的检修

一、确认故障现象

打开起动开关，操纵刮水器开关在不同挡位之间切换，观察刮水系统工作状况。

二、利用故障诊断仪诊断故障

连接故障诊断仪,按下一键起动开关,打开故障诊断仪进入 BCM 模块,读取故障码和数据流。车辆下电后,清除故障码;车辆再次上电后,使用诊断仪再次读取故障码并和之前的故障码进行对比,分析故障码的性质。

> **小提示**
>
> 新能源汽车诊断仪器可以进一步确认或缩小故障范围,但仍然存在系统故障代码保护等可能性,参考企业工作实际,进行二次验证操作,确保诊断的准确性。

三、故障检测

故障检测操作见表 4-1。

故障检测操作表　　　　　　表 4-1

序号	操作示意图	操作方法	操作标准
1		测量辅助蓄电池电压,万用表红黑表笔分别接蓄电池正负接线柱	正常情况下应为 11~14V
2		使用万用表检查电动刮水系统供电熔断丝 F1/34,分别测量输出端对地电压、熔断丝电阻、输出端对地电阻	输出端对地电压标准值应为 11~14V 熔断丝电阻标准值 <1Ω 输出端对地电阻标准值为 ∞

续上表

序号	操作示意图	操作方法	操作标准
3		检查 BCM 线束插接器 G21 插口的 10 号和 11 号端子与刮水控制继电器之间的 B1C 的 34 和 26 号端子之间的线束	线束电阻应<1Ω
4	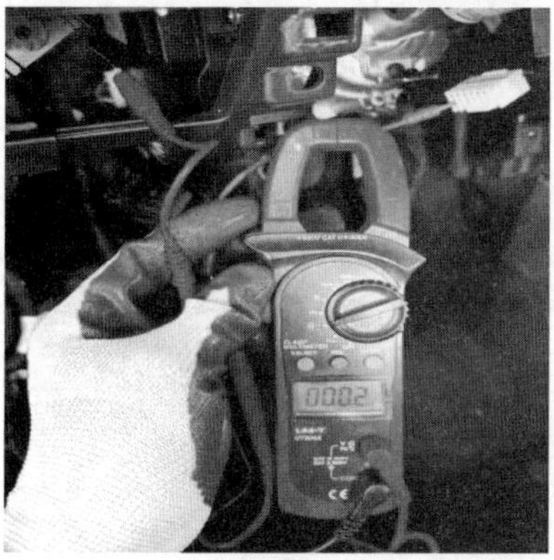	检查刮水器开关供电与搭铁线路,检查常电供电熔断丝 F2/42 上下游电压是否为蓄电池电压,检查 IG1 供电熔断丝 F2/33,检查熔断丝电阻	熔断丝电阻<1Ω
5	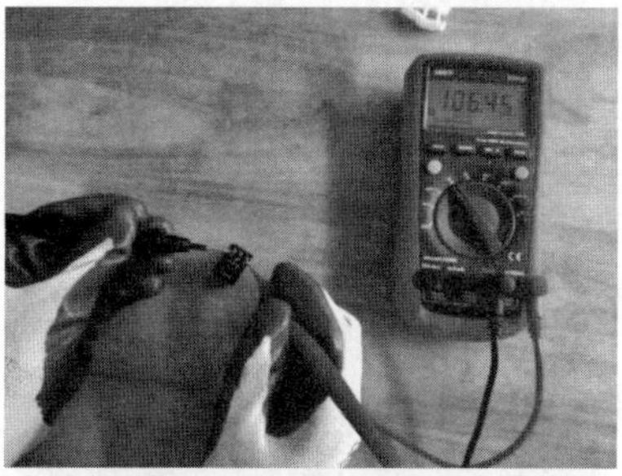 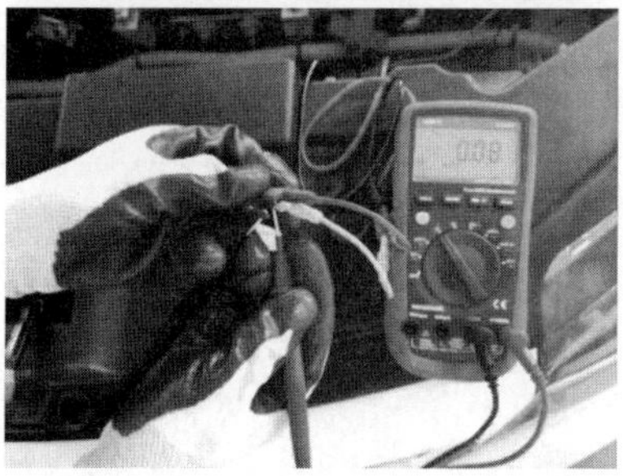	用万用表检查刮水器继电器 K1-22 和 K1-23	线圈标准阻值为 80~120Ω。开关标准阻值<1Ω(通电),∞(断电)

83

竞赛小知识

在新能源汽车故障诊断与排除竞赛中,当测量熔断丝熔断后,不能直接更换熔断丝,需要进一步测量熔断丝下游线路与车身地之间的电阻,确认线路是否存在短路现象,造成熔断丝损坏。

四、竣工检验

(1)按照相反顺序安装刮水系统线束插接器。
(2)打开起动开关,验证刮水器功能。
(3)整理、恢复作业场地。

工作任务单

电动刮水器系统的检修			班级:	
			姓名:	
1.车辆信息记录				
品牌		整车型号		生产年月	
驱动电机型号		动力蓄电池电量		行驶里程	
车辆识别码				
2.作业场地准备				
检查设置隔离栏			□是	□否
检查设置安全警示牌			□是	□否
检查灭火器压力、有效期			□是	□否
安装车辆挡块			□是	□否
3.记录故障现象				
4.使用诊断仪读取故障码、数据流				
故障码				
数据流				
5.拆画刮水系统电路简图				

续上表

6. 故障检测

检测对象	检测条件	检测值	标准值	结果判断

7. 故障确认

故障点	故障类型	维修措施

8. 竣工检验

车辆是否正常上电	□是 □否
刮水器是否正常切换挡位	□是 □否

9. 作业场地恢复

拆卸车内三件套	□是 □否
拆卸翼子板布	□是 □否
将高压警示牌等放至原位置	□是 □否
清洁、整理场地	□是 □否

1+X考评记录单

电动刮水器系统的检修				实习日期：		
姓名：		班级：		学号：		导师签名：
自评：□熟练 □不熟练		互评：□熟练 □不熟练		师评：□合格 □不合格		
日期：		日期：		日期：		
【评分细则】						
序号	评分项	得分条件		分值	评分要求	自评	互评	师评
1	安全/7S/态度	□能进行工位7S操作 □能进行设备和工具安全检查 □能进行车辆安全防护操作 □能进行工具清洁、校准、存放操作 □能进行"三不落地"操作		15	未完成1项扣3分，扣分不得超过15分	□熟练 □不熟练	□熟练 □不熟练	□合格 □不合格

续上表

序号	评分项	得分条件	分值	评分要求	自评	互评	师评
2	专业技能能力	□能正确确认故障现象 □能规范拆卸刮水器线束插接器 □能正确测量辅助蓄电池电压 □能正确检测刮水器线束插接器端子电压 □能正确检测刮水器线束插接器端子电阻 □能确认刮水系统故障部位 □能规范修复刮水系统故障部位 □能规范验证刮水器功能	50	未完成1项扣6分,扣分不得超过50分	□熟练 □不熟练	□熟练 □不熟练	□合格 □不合格
3	工具及设备的使用能力	□能正确使用故障诊断仪 □能正确使用万用表 □能正确使用内饰拆卸板	10	未完成1项扣3分,扣分不得超过10分	□熟练 □不熟练	□熟练 □不熟练	□合格 □不合格
4	资料、信息查询能力	□能正确查询线束插接器端子含义 □能正确使用维修手册查询资料 □能正确记录查询资料章节及页码 □能正确记录所需维修信息	10	未完成1项扣3分,扣分不得超过10分	□熟练 □不熟练	□熟练 □不熟练	□合格 □不合格
5	数据判断和分析能力	□能判断辅助蓄电池电压是否正常 □能判断刮水器供电是否正常 □能判断刮水器搭铁是否正常 □能判断信号数据通信是否正常	10	未完成1项扣3分,扣分不得超过10分	□熟练 □不熟练	□熟练 □不熟练	□合格 □不合格
6	表单填写、报告的撰写能力	□字迹清晰 □语句通顺 □无错别字 □无涂改 □无抄袭	5	未完成1项扣1分,扣分不得超过5分	□熟练 □不熟练	□熟练 □不熟练	□合格 □不合格

总分：

任务二　安全气囊系统的检修

任务导入

汽车安全分为主动安全系统和被动安全系统。主动安全是指预先发现危险的能力,包括风窗玻璃视野、灯光系统、反光镜等;预先回避危险的能力,包括转向系统、制动系统、驱动防滑、行驶平稳控制系统。被动安全是指避免或减轻乘员所受伤害,如安全带、安全气囊等。本任务所讲安全气囊系统是被动式、可膨胀的、辅助保护系统。

任务目标

▶▶ 知识目标
1. 掌握安全气囊的组成和安装位置;
2. 掌握安全气囊的工作原理。

▶▶ 技能目标
1. 具备快速查询安全气囊的电路图的能力;
2. 具备分析安全气囊电路的能力;
3. 具备依据维修手册,对安全气囊系统进行故障诊断与排除的能力。

▶▶ 素质目标
1. 具备快速检索资料的能力;
2. 树立安全第一的意识;
3. 养成服务从管理、规范作业的良好工作习惯。

任务学时

建议学时:4 学时

任务准备

一辆 2019 款比亚迪秦 EV,已经行驶 10 万 km,打开起动开关,安全气囊系统故障指示灯常亮,根据故障现象,分析可能是安全气囊系统模块或相关线路有故障。请根据安全气囊系统工作原理和控制电路对故障进行诊断排除。

思想启迪:如何理解:"安全高于一切,责任重于泰山"?

任务学习

1. 安全气囊的功用

安全气囊系统又称辅助乘员保护系统(SRS),当车辆受到碰撞导致车速急剧变化时,安全气囊迅速膨胀,承受并缓冲驾驶人或者乘客头部与身体上部和膝盖部位的惯性力,减轻人体遭受的伤害程度,从而达到保护驾乘人员的目的。

想一想

> 汽车上主动安全和被动安全功能都有哪些?
> _____
> _____

安全气囊系统的功用是:当汽车遭受碰撞导致速度急剧变化时,气囊在驾驶人或乘员与车内构件之间迅速膨胀,利用气囊排气节流的阻尼作用来吸收人体惯性力产生的动能,减轻二次碰撞对人体的伤害。

2. 安全气囊系统的组成

各类车型安全气囊系统采用控制部件的结构、数量和安装位置各有不同,但其基本组成大致相同。安全气囊系统主要包括碰撞传感器、安全气囊系统电控单元、气囊组件和安全气囊指示灯。比亚迪秦 EV 碰撞传感器共 8 个,分别是左前正面碰撞传感器、右前正面碰撞传感器、左前侧面碰撞传感器、右前侧面碰撞传感器、右后侧面碰撞传感器、左侧后面碰撞传感器、右侧后面碰撞传感器和左侧后面碰撞传感器,如图 4-9 所示。

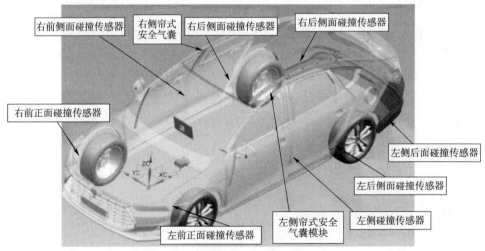

图 4-9 比亚迪秦 EV 安全气囊系统的安装位置

3. 安全气囊系统工作原理

安全气囊系统工作原理如图 4-10 所示。当汽车撞击到刚性物质,或者被撞击碰撞传感器收到足够的碰撞冲击时,碰撞传感器传输减速度信号到安全气囊 ECU,ECU 对接收到的减速信号进行计算比较判断,当此强度超过安全气囊控制单元的规定值时,安全气囊电子控制单元发出点火指令,从而展开安全气囊系统相应的充气模块。当遇到冲击力足够大的正面碰撞时,正面气囊和安全带预紧器就会展开;当遇到冲击力足够大的侧面碰撞时,前排侧气囊、侧气帘及安全带预紧器就会展开,以降低乘客与转向盘和仪表台的冲击力。

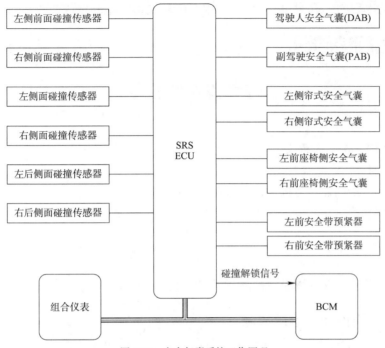

图4-10 安全气囊系统工作原理

安全气囊的引爆不取决于车速,而是取决于以重力测量的减速度比例,这个力由安全气囊ECU中的碰撞传感器测得。当前撞击足够严重时,安全气囊ECU中的微处理器向两个气囊模块的膨胀装置发送一个工作信号,以使气囊展开。转向管柱顶部的时钟弹簧允许在固定的转向管柱和驾驶人安全气囊膨胀器(DAB)之间维持一个连续的电路,还可以随转向盘转动。在车辆发生前碰撞展开气囊时,护膝板协同安全带一同工作,将驾驶人和前排座椅乘客约束在适当位置,护膝板也可以吸收并分散驾驶人和前排座椅乘客对仪表板结构的冲撞能量。当安全气囊ECU监控到任何一个气囊部件和气囊系统电路上的问题时,它将故障代码(DTC)存储在它的存储器中,并将信息送到组合仪表,以点亮气囊故障指示灯。正确测试气囊系统部件、读取或清除故障代码、进行维修等,都需要采用故障诊断仪。

安全气囊电子控制单元(ACU)确认碰撞信号后,会在20ms内向总线发送"碰撞解锁和断电"信号,以20ms为一个周期,共发送3次。BCM和BMS连续收到3个以上信号,就会执行车门解锁和高压断电功能。

> **想一想**
>
> 安全气囊的工作条件是什么?是不是汽车只要有碰撞安全气囊就能打开?

安全气囊电控单元是安全气囊系统的核心部件,主要由安全气囊逻辑模块、能量储存装置(电容)、电路插接器等组成。安全气囊电控单元一般与安全传感器一起被制作在安全气囊控制组件中,通常安装在驾驶室变速器操纵杆前、后的装饰板下面。安全气囊电控单元主要由安全气囊逻辑模块、信号处理电路、备用电源和稳压电路等组成。

任务计划与决策

安全气囊系统的检修

【实训器材】

比亚迪秦EV、故障诊断仪、常用工具和维修手册等。

【作业准备】

检查举升机;车辆在工位停放周正;铺好车内和车外防尘罩。

【操作步骤】

安全气囊系统的检修

一、确认故障现象

起动车辆,仪表安全气囊系统故障指示灯常亮。

二、利用故障诊断仪诊断故障

连接故障诊断仪,按下一键起动开关,打开故障诊断仪进入SRS模块,读取故障码和数据流。车辆下电后,清除故障码;车辆再次上电后,使用诊断仪再次读取故障码并和之前的故障码进行对比,分析故障码的性质。

> **小提示**
>
> 新能源汽车诊断仪器可以进一步确认或缩小故障范围,但仍然存在系统故障代码保护等可能性。参考企业工作实际,进行二次验证操作,确保诊断的准确性。

三、故障检测

故障检测操作见表4-2。

故障检测操作表　　　　表4-2

序号	操作示意图	操作方法	操作标准
1		测量辅助蓄电池电压,万用表红黑表笔分别接蓄电池正负接线柱	正常情况下应为11～14V

项目四　新能源汽车辅助电气系统检修

续上表

序号	操作示意图	操作方法	操作标准
2		使用内饰拆卸板拆卸换挡机构装饰面板总成	参照维修手册标准进行拆卸
3	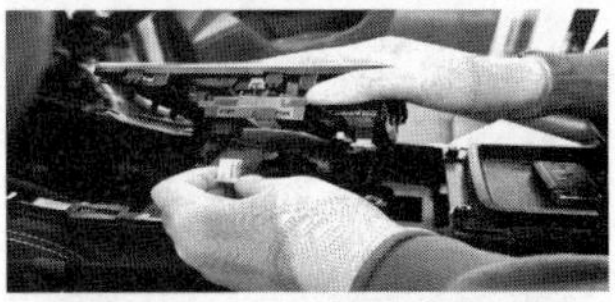	断开电子驻车制动系统（Electrical Park Brake，EPB）开关线束插接器，取下换挡机构面板装饰总成	参照维修手册标准进行拆卸
4	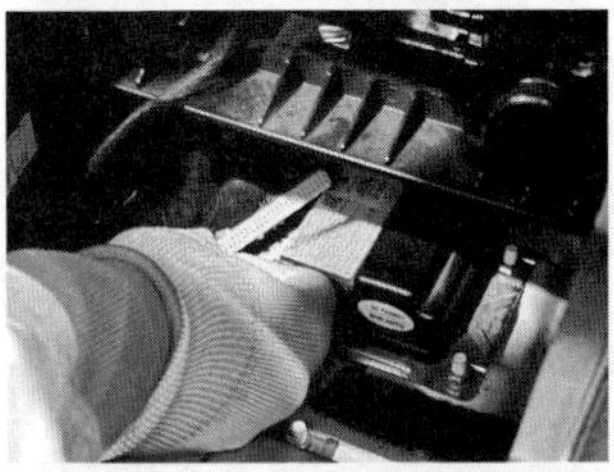	断开安全气囊控制单元线束插接器	参照维修手册标准进行拆卸
5	  	检查安全气囊控制单元供电熔断丝，分别测量输出端对地电压、熔断丝电阻、输出端对地电阻	输出端对地电压标准值应为 11~14V。 熔断丝电阻标准值<1Ω。 输出端对地电阻标准值为∞

91

续上表

序号	操作示意图	操作方法	操作标准
6		检查SRS模块线束插接器KG10供电5号、接地端子6号,操作起动开关使电源至"OFF"状态,断开辅助蓄电池负极,拔掉线束插接器KG10	供电电压标准值应为11~14V。 接地线路标准电阻<1Ω

四、竣工检验

(1)按照相反顺序安装安全气囊系统线束插接器。
(2)打开起动开关,确认故障是否恢复。
(3)整理、恢复作业场地。

工作任务单

安全气囊系统的检修		班级:	
		姓名:	
1.车辆信息记录			
品牌		整车型号		生产年月	
驱动电机型号		动力蓄电池电量		行驶里程	
车辆识别码					
2.作业场地准备					
检查设置隔离栏				□是 □否
检查设置安全警示牌				□是 □否

续上表

2.作业场地准备		
检查灭火器压力、有效期	□是	□否
安装车辆挡块	□是	□否
3.记录故障现象		
4.使用诊断仪读取故障码、数据流		
故障码		
数据流		
5.拆画安全气囊系统电路简图		

6.故障检测

检测对象	检测条件	检测值	标准值	结果判断

7.故障确认

故障点	故障类型	维修措施

续上表

8.竣工检验	
车辆是否正常上电	□是　□否
安全气囊故障灯是否熄灭	□是　□否
9.作业场地恢复	
拆卸车内三件套	□是　□否
拆卸翼子板布	□是　□否
将高压警示牌等放至原位置	□是　□否
清洁、整理场地	□是　□否

1+X考评记录单

安全气囊系统的检修			实习日期：			
姓名：		班级：		学号：		导师签名：
自评：□熟练　□不熟练		互评：□熟练　□不熟练		师评：□合格　□不合格		
日期：		日期：		日期：		
【评分细则】						
序号	评分项	得分条件	分值	评分要求	自评	互评	师评

序号	评分项	得分条件	分值	评分要求	自评	互评	师评
1	安全/7S/态度	□能进行工位7S操作 □能进行设备和工具安全检查 □能进行车辆安全防护操作 □能进行工具清洁、校准、存放操作 □能进行"三不落地"操作	15	未完成1项扣3分,扣分不得超过15分	□熟练 □不熟练	□熟练 □不熟练	□合格 □不合格
2	专业技能能力	□能正确确认故障现象 □能规范拆卸安全气囊线束插接器 □能正确测量辅助蓄电池电压 □能正确检测安全气囊线束插接器端子电压 □能正确检测安全气囊线束插接器端子电阻 □能确认安全气囊系统故障部位 □能规范修复安全气囊系统故障部位 □能规范验证安全气囊功能	50	未完成1项扣6分,扣分不得超过50分	□熟练 □不熟练	□熟练 □不熟练	□合格 □不合格

续上表

序号	评分项	得分条件	分值	评分要求	自评	互评	师评
3	工具及设备的使用能力	□能正确使用故障诊断仪 □能正确使用万用表 □能正确使用内饰拆卸板	10	未完成1项扣3分,扣分不得超过10分	□熟练 □不熟练	□熟练 □不熟练	□合格 □不合格
4	资料、信息查询能力	□能正确查询线束插接器端子含义 □能正确使用维修手册查询资料 □能正确记录查询资料章节及页码 □能正确记录所需维修信息	10	未完成1项扣3分,扣分不得超过10分	□熟练 □不熟练	□熟练 □不熟练	□合格 □不合格
5	数据判断和分析能力	□能判断辅助蓄电池电压是否正常 □能判断安全气囊供电是否正常 □能判断安全气囊搭铁是否正常 □能判断信号数据通信是否正常	10	未完成1项扣3分,扣分不得超过10分	□熟练 □不熟练	□熟练 □不熟练	□合格 □不合格
6	表单填写、报告的撰写能力	□字迹清晰 □语句通顺 □无错别字 □无涂改 □无抄袭	5	未完成1项扣1分,扣分不得超过5分	□熟练 □不熟练	□熟练 □不熟练	□合格 □不合格

总分:

任务三 充配电总成的检修

任务导入

新能源汽车和传统燃油汽车在低压供电系统上有所不同。新能源汽车上低压供电系统没有交流发电机,它是靠DC/DC变换器模块来提供低压电源。电力系统包括低压部分和高压部分,在比亚迪秦EV上,整车带有高压电的零部件有动力蓄电池、驱动电机、高压配电箱(PDU)、电动压缩机、DC/DC变换器、车载充电机(On Board Charge,OBC)、高压线束等,这些部件组成了整车的高压系统。其中,为了更好地提高整车的空间和综合控制功能,将车载充电机、高压配电系统和 DC/DC 变换器整合在一起成为三合一控制模块也叫充配电总成。

任务目标

▶▶ 知识目标
1. 掌握新能源汽车充配电系统的特点和基本与原理;
2. 能够根据具体故障现象分析新能源汽车充配电系统的故障原因。

▶▶ 技能目标
1. 能够具备准确快速查阅充配电系统电路的能力;
2. 具备分析充配电系统故障机理的能力;
3. 具备依据维修手册,对充配电系统进行故障诊断与排除的能力。

▶▶ 素质目标
1. 提升心理抗压能力;
2. 善于具体问题具体分析,根据实际情况区别对待;
3. 培养爱岗敬业、诚实守信的职业素养,培养合作能力。

任务学时

建议学时:4 学时

任务准备

一辆 2019 款比亚迪秦 EV,行驶 5 万 km,该车无法挂挡,仪表显示 EV 受限。在此故障出现前,常出现加速至 60km/h 后仪表亮故障灯,然后无法加速,最终无法行驶。在接车后发现只有 N 挡可以挂,接 VDS 2000 诊断仪发现有程序刷新,程序刷新后,车可以正常挂挡,可以向前和倒退,但也有故障标志,仪表显示请检查充电系统。

思想启迪:国产汽车品牌如比亚迪、吉利、长安、华为、奇瑞、长城等在纯电动汽车领域已有较成熟先进技术,请查询简述长安深蓝的"原力超集电驱"技术(七合一动力域控制器)。

> **温馨小提示**
>
> 7S 管理指的是整理、整顿、清扫、清洁、素养、安全、节约管理方式，既保证了企业优雅的生产和办公环境、良好的工作秩序和严明的工作纪律，同时也是提高工作效率，生产高质量、精密化产品，减少浪费、节约物料成本和时间成本的基本要求。

任务学习

纯电动汽车的低压供电系统和传统燃油汽车有所不同，传统燃油汽车的低压电源包括发电机和铅酸蓄电池两部分，而新能源汽车没有传统燃油汽车的交流发电机，所以需要一个稳定 12V 低压电源。新能源汽车加装了 DC/DC 变换器，主要作用是将动力蓄电池的高压电转换为 12V 的低压直流电，持续不断地为低压系统提供稳定电源。所以，纯电动汽车的低压控制部分的电源系统包括 12V 的低压铅酸蓄电池和 DC/DC 变换器。

比亚迪秦 EV 的 DC/DC 变换器模块集成在充配电总成模块里面，充配电总成是三合一控制模块，主要包括 DC/DC 变换器、OBC 和高压配电箱。

一、充配电总成工作原理

充配电总成主要是完成放电时的高压配电，其内部集成 DC/DC 变换器模块和高压配电盒、OBC，以及主正主负继电器、预充继电器、熔断丝、主正主负母线等部分。比亚迪秦 EV 充配电总成电路连接原理图如图 4-11 所示。

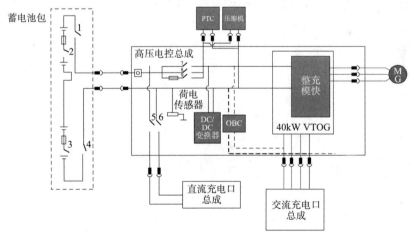

图 4-11 充配电总成原理图

1-正极接触器；2-蓄电池包分压接触器 1；3-蓄电池包分压接触器 2；4-负极接触器；5-直流充电正极接触器；6-直流充电负极接触器；7-主接触器；8-交流充电接触器；9-预充接触器

车辆放电时，闭合主正主负接触器，断开直流充电正极接触器 5 和直流充电负极接触器 6，此时车辆是放电状态，高压电对外输出，通过总成内的高压配电箱对高压电进行分配。车辆充电时分两种情况，一种是交流慢充，此时车辆接收到慢充信号后，车辆 OBC（车载充电机）和 BMS（蓄电池管理系统）以及 VCU 模块进行通信自检，满足充电条件时闭合交流充电接触器 8 和主负接触器，断开直流充电正极接触器 5 和直流充电主负接触器 6，由 OBC 将交流电转换为直流电为动力蓄电池充电,当车辆进行高压直流快充时,车辆接收到高压充电枪的请求信号后,通过 CAN 总线与 BMS 通信车辆自检,满足充电条件,控制直流快充高压充电接触器正极 5 和负极 6 闭合,为车辆提供高压直流电进行充电。无论是充放电,车辆的 DC/DC 变换器都得工作,因为车辆的低压系统用电需要 DC/DC 变换器输出 12V 的低压电源。

二、DC/DC 变换器

1. DC/DC 变换器的作用

DC/DC 变换器的主要功能是为车灯、电气控制设备、小型电器等车辆附属设备供给电力和辅助蓄电池充电,其作用与传统内燃机汽车的交流发电机相似。传统内燃机汽车依靠发动机带动交流发电机发电供给附属用电设备供电。由于纯电动汽车无发动机,因此纯电动汽车无法使用交流发电机提供电源,必须靠动力蓄电池向附属用电设备及电源供电,因此 DC/DC 变换器成为必备设备。

2. 充配电总成低压控制

比亚迪秦 EV 充配电总成低压控制电路如图 4-12 所示,充配电总成由前机舱配电盒的 F1/22 熔断丝控制,通过 BK46 插头的 3、18、19 三根搭铁线形成回路,为充配电总成的低压部分提供电源。交流充电接口的插枪信号、充电引导和温度检测信号以及充电信号线束连接到总成 BK46 插头的 4、5、7 号端子,控制车辆的交流慢充。直流快充的控制通过 BK46 插头的 16 号和 17 号端子的动力总线系统与车辆的 BMS 和 BCM 模块进行通信控制,高压充电实现高压快充。车辆的 DC/DC 变换器模块位于充配电总成内部。

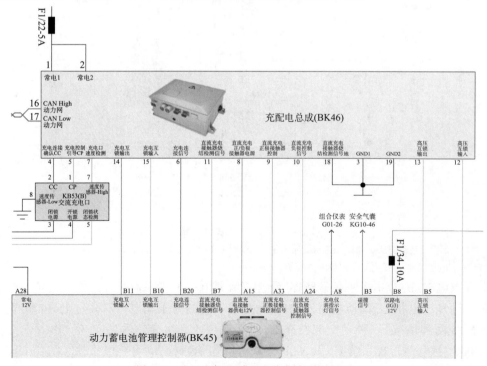

图 4-12　比亚迪秦 EV 充配电总成低压控制电路

任务计划与决策

充配电总成的检修

【实训器材】

比亚迪秦 EV、故障诊断仪、常用工具和维修手册等。

【作业准备】

检查举升机;车辆在工位停放周正;铺好车内和车外护套。

【操作步骤】

一、确认故障现象

起动车辆后,辅助蓄电池指示灯常亮,"OK"指示灯正常点亮。

二、利用故障诊断仪诊断故障

连接故障诊断仪,按下一键起动开关,打开故障诊断仪进入充配电在模块,读取故障码和数据流。车辆下电后,清除故障码;车辆再次上电后,使用诊断仪再次读取故障码并和之前的故障码进行对比,分析故障码的性质。

充配电总成的检修

三、故障检测

故障检测操作见表4-3。

故障检测操作表　　　　表4-3

序号	操作示意图	操作方法	操作标准
1		测量辅助蓄电池电压,万用表红黑表笔分别接蓄电池正负接线柱	正常情况下应为 11~14V

续上表

序号	操作示意图	操作方法	操作标准
2		检查充配电总成的供电熔断丝 F1/22,检查电压熔断丝下游电压,检查熔断丝电阻	输出端对地电压标准值:11~14V。 熔断丝电阻标准值<1Ω。 输出端对地电阻标准值为∞
3		检查充配电总成低压电源、接地电阻。 操作起动开关使电源至"OFF"状态,断开辅助蓄电池负极,拔掉线束插接器 BK46	供电电压标准值应为 11~14V。 接地线路标准值电阻<1Ω

续上表

序号	操作示意图	操作方法	操作标准
4		检查充配电总成和交流充电口之间充电控制(CC)信号和控制导引(CP)信号的线路电阻	线路标准电阻<1Ω

四、竣工检验

（1）按照相反顺序安装充配电总成线束插接器。
（2）打开起动开关，确认故障是否恢复。
（3）整理、恢复作业场地。

工作任务单

充配电总成的检修		班级：	
		姓名：	
1. 车辆信息记录			
品牌	整车型号		生产年月
驱动电机型号	动力蓄电池电量		行驶里程
车辆识别码			

续上表

2. 作业场地准备		
检查设置隔离栏	□是	□否
检查设置安全警示牌	□是	□否
检查灭火器压力、有效期	□是	□否
安装车辆挡块	□是	□否
3. 记录故障现象		
4. 使用诊断仪读取故障码、数据流		
故障码		
数据流		
5. 拆画充配电总成系统电路简图		
6. 故障检测				

检测对象	检测条件	检测值	标准值	结果判断

项目四 新能源汽车辅助电气系统检修

续上表

7. 故障确认

故障点	故障类型	维修措施

8. 竣工检验

车辆是否正常上电	□是 □否
辅助蓄电池指示灯是否熄灭	□是 □否

9. 作业场地恢复

拆卸车内三件套	□是 □否
拆卸翼子板布	□是 □否
将高压警示牌等放至原位置	□是 □否
清洁、整理场地	□是 □否

1+X考评记录单

充配电总成的检修		实习日期：	
姓名：	班级：	学号：	导师签名：
自评：□熟练 □不熟练	互评：□熟练 □不熟练	师评：□合格 □不合格	
日期：	日期：	日期：	

【评分细则】							
序号	评分项	得分条件	分值	评分要求	自评	互评	师评
1	安全/7S/态度	□能进行工位7S操作 □能进行设备和工具安全检查 □能进行车辆安全防护操作 □能进行工具清洁、校准、存放操作 □能进行"三不落地"操作	15	未完成1项扣3分,扣分不得超过15分	□熟练 □不熟练	□熟练 □不熟练	□合格 □不合格
2	专业技能能力	□能正确确认故障现象 □能规范拆卸DC/DC变换器线束插接器 □能正确测量辅助蓄电池电压 □能正确检测充配电总成线束插接器端子电压 □能正确检测充配电总成线束插接器端子电阻 □能确认充配电总成系统故障部位 □能规范修复充配电总成故障部位 □能规范验证DC/DC变换器功能	50	未完成1项扣6分,扣分不得超过50分	□熟练 □不熟练	□熟练 □不熟练	□合格 □不合格

续上表

序号	评分项	得分条件	分值	评分要求	自评	互评	师评
3	工具及设备的使用能力	□能正确使用故障诊断仪 □能正确使用万用表 □能正确使用内饰拆卸板	10	未完成1项扣3分,扣分不得超过10分	□熟练 □不熟练	□熟练 □不熟练	□合格 □不合格
4	资料、信息查询能力	□能正确查询线束插接器端子含义 □能正确使用维修手册查询资料 □能正确记录查询资料章节及页码 □能正确记录所需维修信息	10	未完成1项扣3分,扣分不得超过10分	□熟练 □不熟练	□熟练 □不熟练	□合格 □不合格
5	数据判断和分析能力	□能判断辅助蓄电池电压是否正常 □能判断充配电总成供电是否正常 □能判断充配电总成搭铁是否正常 □能判断信号数据通信是否正常	10	未完成1项扣3分,扣分不得超过10分	□熟练 □不熟练	□熟练 □不熟练	□合格 □不合格
6	表单填写、报告的撰写能力	□字迹清晰 □语句通顺 □无错别字 □无涂改 □无抄袭	5	未完成1项扣1分,扣分不得超过5分	□熟练 □不熟练	□熟练 □不熟练	□合格 □不合格
总分:							

任务四 无钥匙起动系统的检修

任务导入

无钥匙起动系统(Keyless Start System),即起动车辆不用掏、拧钥匙,把钥匙放在包内或口袋里,通过感应,按下车内按键或拧动导板即可起动车辆。

无钥匙起动系统包括一键起动开关、天线、遥控钥匙、PEPS 控制模块,设计的核心技术有射频识别(Radio Frequency Identification,RFID)技术、加密算法、电磁兼容(Electromagnetic Magnetic Compatibility,EMC)技术。

项目四 新能源汽车辅助电气系统检修

任务目标

知识目标
1. 掌握无钥匙起动系统的结构和工作原理;
2. 制订无钥匙起动系统故障检修流程。

技能目标
1. 具备正确分析无钥匙起动系统电路图的能力;
2. 具备查阅电路图册,拆画无钥匙起动系统电路图的能力;
3. 具备依据维修手册,对无钥匙起动系统进行故障诊断与排除的能力。

素质目标
1. 培养自主探索新知的学习能力;
2. 培养"家国情怀",让自身的努力与奋斗更有动力;
3. 具备学以致用、融会贯通的能力。

任务学时

建议学时:4学时

任务准备

一辆 2019 款比亚迪秦 EV,行驶 4 万 km,踩下制动踏板,按下起动开关,车辆无反应,仪表提示请检查钥匙系统。根据故障现象,分析可能是无钥匙起动相关线路有故障,请根据无钥匙起动系统工作原理和控制电路对故障进行诊断排除。

思想启迪:谈谈你对"授人以鱼不如授人以渔"的理解?

任务学习

一、无钥匙起动系统基本组成

驾驶人持有合法的智能钥匙,当驾驶人靠近车辆 0.7~1.5m 时,智能钥匙发出 433MHz

的频率的寻车信号,前机舱配电盒给集成式车身控制器提供12V的常电,BCM控制车内外的天线会发出低频信号,智能钥匙的寻车信号经过舒适网以及车载4G模块与云端进行信息交互,钥匙对码、匹配成功后,BCM控制喇叭继电器工作,车辆的喇叭会应答,说明钥匙匹配成功。

1. 一键起动开关

一键起动开关为一个机械式按钮,负责发送车辆低压电源上电和起动信号。比亚迪秦EV,不踩制动踏板时,依次按下起动开关,电源切换模式变化为OFF→ACC→ON→OFF。在P/N挡位时,驾驶人踩下制动踏板,按下起动开关,整车高压上电。ACC或ON电源模式下,指示灯为橙色,此时踩下制动踏板,指示灯变为绿色,如图4-13所示。

图4-13 一键起动开关

2. 天线

天线通过发射低频信号唤醒智能钥匙,因为低频信号传输距离短,所以车上有多个天线。比亚迪秦EV探测系统是由6个探测天线总成(车内3个,车外3个)和1个集成在控制器内的高频接收模块组成,探测车内有效范围及车外一定的范围。

3. 智能钥匙

利用智能钥匙系统,驾驶人可通过智能钥匙实现远程解锁车门、上电和启动等操作。整个系统通过一个智能钥匙系统控制器控制,当智能钥匙系统控制器探测到钥匙在某个探测区域范围内,对钥匙进行探测与验证,并发送运行的信号给相关执行动作的ECU,完成整个系统工作。

4. 无钥匙起动ECU模块

无钥匙起动ECU模块内部装有高频接收器,接收高频信号,认证其合法性,同时向电子转向柱锁发送解锁请求信号,解除车辆安全防盗,控制低压继电器吸合,实现车辆低压上电。比亚迪秦EV的无钥匙起动ECU模块通过起动子网与BCM模块进行数据通信,验证密钥,同时通过BCM模块在通过舒适网与网关通信,网关再通过动力网与整车控制器通信,同时通过舒适网与仪表通信。无钥匙起动ECU模块框图如图4-14所示。

> **想一想**
>
> 无钥匙进入的工作原理是什么?
> _____
> _____

二、无钥匙起动系统工作原理

比亚迪秦EV具有无钥匙起动功能,当驾驶人踩下制动踏板,按下一键起动开关,BCM同时接收到一键起动开关信号和制动开关信号,BCM会通过起动子网与KeylessECU

模块通信,无钥匙起动 ECU 模块激活低频天线发出低频信号寻找钥匙。钥匙接收到低频信号被唤醒,发送包含有车辆信息的高频信号至无钥匙起动 ECU 模块。无钥匙起动 ECU 模块通过内置高频接收器接收高频信号并判断合法性,车辆验证钥匙合法性后,BCM 会通过 CAN 总线发送电子转向柱解锁信号,同时控制 IG3、IG1、IG4 继电器吸合,完成低压上电过程。

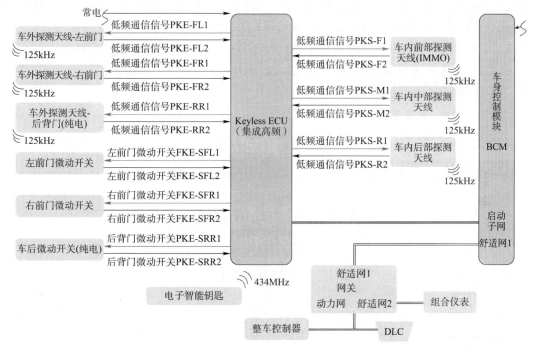

图 4-14　无钥匙起动 ECU 模块系统框图

车辆低压上电后,车辆各模块被唤醒进行自检,同时与 VCU 进行互检,检验正常后,VCU 发送高压上电许可信号至 BMS,BMS 控制继电器吸合,完成高压上电,同时仪表点亮"OK"指示灯。无钥匙起动系统工作原理如图 4-15 所示。

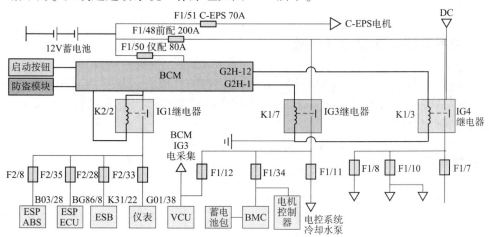

图 4-15　无钥匙起动系统工作原理

> **温馨小提示**
>
> 智能化、网联化是现代汽车技术的发展方向,现代汽车的售后维修也在发生着变化。对于传统燃油汽车,维修模式一般是车辆发生故障以后,进入维修厂商,由汽车维修厂家专业维修技师对车辆故障进行诊断,然后确定故障部位和故障零部件;但是对于新能源汽车尤其是智能网联汽车,汽车商家云端对汽车运行状况进行实时监控,一旦车辆运行过程中出现故障,厂家维修人员可以通过故障码查询车辆故障,对车辆故障进行分析判断,进而确定损坏零部件,再由维修人员联系车主,提前备好零部件,等车主有时间时进入车间直接对故障零部件进行更换,从而节省了车辆的诊断和零部件的进货时间,大大提高了维修效率及车辆的维修体验和用车体验。
>
> 因此,作为汽车专业技术人才应刻苦学习,不断突破自我,提升自身素养,博学睿智、进取创新,为自己的专业发展和汽车技术的未来赋能。

任务计划与决策

无钥匙起动系统的检修

【实训器材】

比亚迪秦 EV、故障诊断仪、常用工具和维修手册等。

【作业准备】

检查举升机;车辆在工位停放周正;铺好车内和车外防尘罩。

【操作步骤】

无钥匙起动系统的检修

一、确认故障现象

按下一键起动开关起动车辆,钥匙小灯不闪烁,仪表不亮,车辆无任何反应,高压不上电。

二、利用故障诊断仪诊断故障

连接故障诊断仪,按下一键起动开关,打开故障诊断仪,读取故障码和数据流。车辆下电后,清除故障码;车辆再次上电后,使用诊断仪再次读取故障码并和之前的故障码进行对比,分析故障码的性质。

三、故障检测

故障检测操作见表4-4。

项目四 新能源汽车辅助电气系统检修

故障检测操作表　　　　　　　　　　　　　　　　　　表4-4

序号	操作示意图	操作方法	操作标准
1		测量辅助蓄电池电压，万用表红黑表笔分别接蓄电池正负接线柱	正常情况下应为11~14V
2		拆卸中部换挡面板总成	参照维修手册标准进行拆卸
3	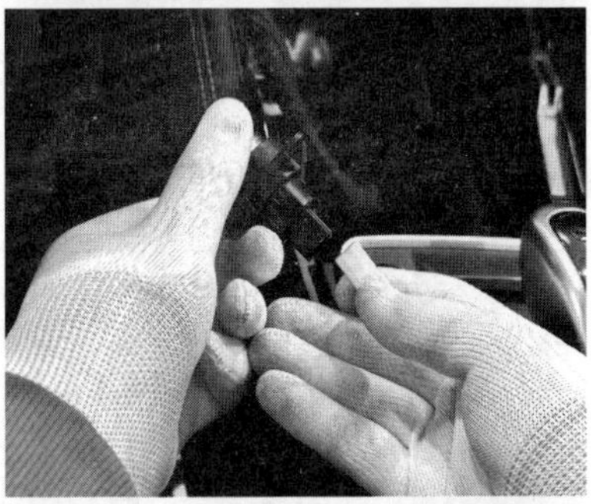	脱开卡爪拆卸起动按钮，断开一键起动开关线束插接器IP46a，取下仪表板中部右装饰板总成，取出一键起动开关	参照维修手册标准进行拆卸
4	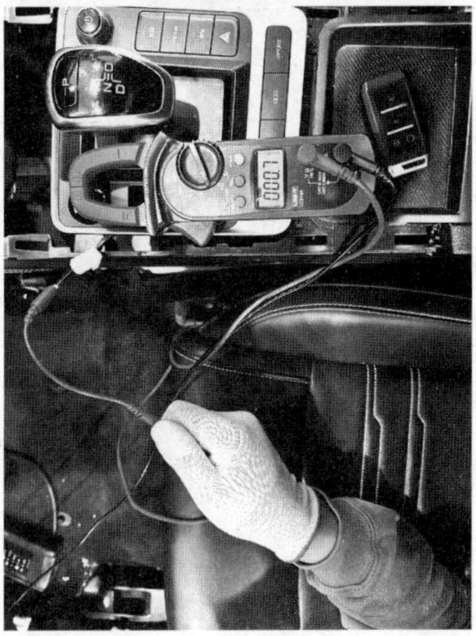	检查一键起动开关与BCM之间线束	线路标准电阻<1Ω

109

续上表

序号	操作示意图	操作方法	操作标准
5		检查一键起动开关	标准电阻（未按下）应为 4.74~4.85kΩ，标准电阻（按下）应为 1.24~1.35kΩ

四、竣工检验

（1）按照相反顺序一键起动开关线束插接器。

（2）验证无钥匙起动功能。

（3）整理、恢复作业场地。

工作任务单

无钥匙起动系统的检修		班级：	
		姓名：	
1. 车辆信息记录			
品牌		整车型号		生产年月	
驱动电机型号		动力蓄电池电量		行驶里程	
车辆识别码					
2. 作业场地准备			
检查设置隔离栏			□是　□否
检查设置安全警示牌			□是　□否
检查灭火器压力、有效期			□是　□否
安装车辆挡块			□是　□否
3. 记录故障现象			

续上表

4.使用诊断仪读取故障码、数据流				
故障码				
数据流				

5.拆画无钥匙起动系统电路简图

6.故障检测

检测对象	检测条件	检测值	标准值	结果判断

7.故障确认

故障点	故障类型	维修措施

8.竣工检验		
车辆是否正常低压上电	□是	□否
是否正常高压上电	□是	□否
9.作业场地恢复		
拆卸车内三件套	□是	□否
拆卸翼子板布	□是	□否
将高压警示牌等放至原位置	□是	□否
清洁、整理场地	□是	□否

1+X考评记录单

无钥匙起动系统的检修				实习日期：			
姓名：		班级：		学号：		导师签名：	
自评：□熟练 □不熟练		互评：□熟练 □不熟练		师评：□合格 □不合格			
日期：		日期：		日期：			
【评分细则】							
序号	评分项	得分条件		分值	评分要求	自评	互评	师评

序号	评分项	得分条件	分值	评分要求	自评	互评	师评
1	安全/7S/态度	□能进行工位7S操作 □能进行设备和工具安全检查 □能进行车辆安全防护操作 □能进行工具清洁、校准、存放操作 □能进行"三不落地"操作	15	未完成1项扣3分，扣分不得超过15分	□熟练 □不熟练	□熟练 □不熟练	□合格 □不合格
2	专业技能能力	□能正确确认故障现象 □能规范拆卸一键起动开关线束插接器 □能正确测量辅助蓄电池电压 □能正确检测一键起动开关线束插接器端子电压 □能正确检测一键起动开关线束插接器端子电阻 □能确认无钥匙起动系统故障部位 □能规范修复无钥匙起动系统故障部位 □能规范验证无钥匙起动功能	50	未完成1项扣6分，扣分不得超过50分	□熟练 □不熟练	□熟练 □不熟练	□合格 □不合格
3	工具及设备的使用能力	□能正确使用故障诊断仪 □能正确使用万用表 □能正确使用内饰拆卸板	10	未完成1项扣3分，扣分不得超过10分	□熟练 □不熟练	□熟练 □不熟练	□合格 □不合格
4	资料、信息查询能力	□能正确查询线束插接器端子含义 □能正确使用维修手册查询资料 □能正确记录查询资料章节及页码 □能正确记录所需维修信息	10	未完成1项扣3分，扣分不得超过10分	□熟练 □不熟练	□熟练 □不熟练	□合格 □不合格

续上表

序号	评分项	得分条件	分值	评分要求	自评	互评	师评
5	数据判断和分析能力	□能判断辅助蓄电池电压是否正常 □能判断一键起动开关供电是否正常 □能判断一键起动开关搭铁是否正常 □能判断信号数据通信是否正常	10	未完成1项扣3分,扣分不得超过10分	□熟练 □不熟练	□熟练 □不熟练	□合格 □不合格
6	表单填写、报告的撰写能力	□字迹清晰 □语句通顺 □无错别字 □无涂改 □无抄袭	5	未完成1项扣1分,扣分不得超过5分	□熟练 □不熟练	□熟练 □不熟练	□合格 □不合格
总分:							

项目测评

一、填空题

1. 蓄电池的荷电状态用_____表示。
2. 电动汽车 DC/DC 变换器的主要功能是：_____。
3. 比亚迪秦 EV 的 DC/DC 变换器模块集成在充配电总成模块里面,充配电总成是三合一控制模块,主要包括_____、_____和_____。
4. 一键起动开关为一个机械式按钮,负责发送车辆_____和_____。
5. 动力蓄电池系统输出的高压直流电通过_____转换为低压直流电,一部分电能被电气设备使用,另一部分储存在辅助蓄电池中。
6. 比亚迪秦 EV 刮水系统,采用模块化设计,开关模块的信号都通过_____ CAN 总线系统送入 BCM 控制模块。

二、简答题

1. 充配电总成主要包括哪几部分？作用是什么？

2. 简述刮水系统的组成工作原理。

3. 简述 DC/DC 变换器的作用。

4. 简述安全气囊系统的组成原理。

项目五 新能源汽车暖风与空调系统检修

任务一 暖风系统的检修

任务导入

传统的燃油汽车通常利用发动机的余热为热源,再用鼓风机将加热后的空气送入车厢内,但电动汽车没有发动机,可利用的余热也较少,使用暖风、空调都会使续驶里程大幅降低,尤其是使用暖风系统时耗电量更大,因此,需要采用单独的加热系统来供暖。本任务以比亚迪秦 EV 为例,介绍暖风系统的检修方法。

任务目标

▶▶ 知识目标

1. 说出暖风系统的工作原理;
2. 制订暖风系统故障检修流程。

▶▶ 技能目标

1. 具备正确使用纯电动汽车暖风系统功能,确认空调控制面板显示情况的能力;
2. 具备查阅电路图册,拆画暖风系统电路图的能力;
3. 具备依据维修手册,对暖风系统进行故障诊断与排除的能力。

▶▶ 素质目标

1. 在操作过程中树立高压安全意识;
2. 弘扬志愿精神,提升技能服务社会的能力;
3. 在高压作业前,正确检查、穿戴个人防护用具并唱报清楚,能进行规范的高压操作。

任务学时

建议学时:4 学时

任务准备

一辆比亚迪秦 EV，客户反映起动车辆后，汽车仪表点亮，高压不上电，"OK"指示灯不能点亮，应急灯一直闪烁，仪表上除小汽车点亮及驻车灯点亮，其他信息没有任何显示，车外灯光可以正常点亮，仪表灯光符号正常显示。请根据该故障现象制订一份故障检修方案，并完成该故障的诊断与排除。

思想启迪：何为碳达峰，碳中和？

任务学习

一、暖风系统的工作原理

本车空调系统为自动调节空调。系统主要由压缩机、冷凝器、制冷管路、暖风水管、风道、空调控制器等零部件组成，具有制冷、采暖、除霜除雾、通风换气等功能。

采暖是通过水加热 PTC、加热器水泵、加热器芯体、鼓风机、空调控制器和空调采暖管路等组件组合成的系统来实现。空调控制器通过控制 PTC 水加热器、暖风电动水泵、鼓风机和冷暖风门来实现空调的采暖。

当自动空调系统处于加热模式时，加热器在高压电的作用下对冷却液进行加热，高温冷却液被加热器水泵抽入加热器芯。同时，冷暖温度控制电机旋转至采暖位置，气流在鼓风机的作用下流过加热器芯，产生热量传递。外部空气在进入乘客舱前，与加热后的空气混合，吹出舒适的暖风。暖风系统的工作原理如图 5-1 所示。

> **想一想**
>
> 纯电动汽车和汽油发动机汽车的暖风系统有什么不同之处？

项目五 新能源汽车暖风与空调系统检修

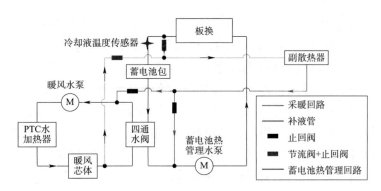

图 5-1 暖风系统的工作原理

二、暖风系统电路分析

1. PTC 加热线路分析

自动空调系统空调暖风系统电路如图 5-2 所示。

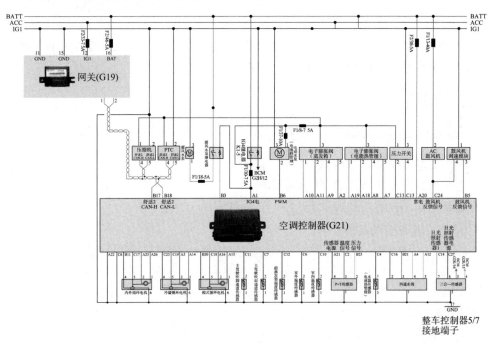

图 5-2 自动空调系统空调暖风系统电路

(1) 空调控制器电源电路分析。

空调控制器的电源主要有两路：一路为 +B 电源，为常供电路，由 BATT 通过 F2/38（5A）的熔断器接在空调控制器 A20 端子上；另一路为 IG 电源，也称点火电源，由 IG4 继电器（K1-5）控制，受起动开关控制。IG4 继电器通过熔断丝 F1/10（5A）控制压缩机、PTC、电子膨胀阀、压力开关的电源。

(2) 鼓风机电路分析。

鼓风机电路主要有 AC 鼓风机和鼓风机模块电路组成。AC 鼓风机电路 1 号端子通过熔

117

断丝 F1/13(40A)接在 BATT 正极,2 号端子接在空调控制器 C24 引脚(反馈信号);鼓风机控制模块,1 号端子接地,3 号端子接空调控制器的 B5 引脚(调速信号),4 号端子接空调控制器的 C24 引脚,与 AC 鼓风机的 1 号端子接在一起。

手动调节鼓风机转速开关时,空调控制器接收到开关信号后计算处理,由 B5 端子向鼓风机调速单元 3 端子发出电压信号;控制调速单元内部大功率晶体管导通电流,空调控制器输出电压越高,鼓风机转速越高,相反,空调控制器输出电压越小,鼓风机转速越低。

鼓风机运转的同时,调速单元 4 端子向空调控制器提供一个鼓风机转速反馈信号,鼓风机转速越高,反馈信号电压越小,鼓风机转速越低,反馈信号电压越高。

2. 暖风水泵电路分析

暖风水泵电路受暖风水泵继电器控制,继电器的线圈一端接空调控制器的 A1 引脚,一端接控制器的 B3 引脚,常开触点一端接 BATT 正极,另一端通过熔断丝 F1/18(5A)接暖水泵 1 号端子,暖风水泵 3 号端子接地。

3. PTC 加热、暖风继电器、四通水阀控制逻辑分析

空调控制器根据采集的各类传感器以及其他接收的控制逻辑,内部控制 PTC 加热、暖风继电器、四通水阀的工作情况。四通水阀的 1 号端子接地,2 号端子接空调控制器的 C16(电源反馈),3 号端子接空调控制器的 B21(碳膜电源),4 号端子接空调控制器的 A4(水阀控制电源1),5 号端子接空调控制器的 A13(水阀控制电源二)。

三、诊断流程

步骤1	使用故障诊断仪读取故障代码

(1)操作起动开关使电源模式至"ON"状态。
(2)连接故障诊断仪,读取系统故障代码。
(3)确认系统是否存在故障代码。

　　否 ▷ 正确连接线束接插器

　是

步骤2	检查暖风水泵熔断丝 F1/18

检查熔断丝 F1/18 是否熔断。

　　否 ▷ 转至步骤4

　是

步骤3	检修熔断丝 F1/18 线路

(1)检查熔断丝 F1/18 线路是否有短路故障。
(2)进行线路修理,确认没有线路短路现象。
(3)更换额定电流的熔断丝。熔断丝的额定值为 F1/18 5A
(4)确认暖风水泵是否正常工作。

　　是 ▷ 系统正常

否

| 步骤4 | 检查暖风水泵电源线路 |

(1) 操作起动开关,使电源模式至"OFF"状态。
(2) 断开蓄电池负极电缆,等待至少 90s。
(3) 断开暖风水泵线束插接器 G21(B3)。
(4) 断开前机舱熔断丝盒线束插接器。
(5) 测量暖风水泵线束插接器端子与前机舱熔断丝盒线束插接器端子之间的电阻值。
电阻标准值小于 1Ω。
(6) 确认电阻值是否符合标准值。

否 > 更换或维修线束或插接器

是

| 步骤5 | 检查暖风水泵与 A/C 空调控制器之间的线束 |

(1) 操作起动开关,使电源模式至"OFF"状态。
(2) 断开蓄电池负极电缆,等待至少 90s。
(3) 断开 A/C 空调控制器线束插接器 G21(B)(图 5-3)。
(4) 检查暖风水泵继电器 K1-2 的 85 号脚。
(5) 测量 G21(B) 端子与 K1-2 的 85 号脚之间的电阻值。
电阻标准值小于 1Ω。
(6) 确认电阻值是否符合标准值。

否 > 更换或维修线束或插接器

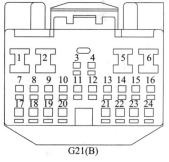

图 5-3 插接器 G21(B)

是

| 步骤6 | 检查暖风水泵接地线路 |

(1) 操作起动开关,使电源模式至"OFF"状态。
(2) 断开蓄电池负极电缆,等待至少 90s。
(3) 断开 A/C 空调控制器线束插接器 IP80。
(4) 断开暖风水泵线束插接器 CA72。
(5) 测量 CA72 端子 1 与车身接地之间的电阻值。电阻标准值小于 1Ω。
(6) 确认电阻值是否符合标准值。

否 > 更换或维修线束或插接器

是

| 步骤7 | 更换暖风水泵 |

(1) 操作起动开关使电源模式至"OFF"状态。
(2) 断开蓄电池负极电缆。
(3) 更换暖风水泵。

(4)确认故障排除。

是 > 系统正常

否

步骤8	更换 A/C 空调控制器

(1)操作起动开关使电源模式至"OFF"状态。
(2)断开蓄电池负极电缆。
(3)更换 A/C 空调控制器。
(4)确认故障排除。

下一步

步骤9	系统正常

任务计划与决策

暖风系统的检修

【实训器材】
比亚迪秦 EV、故障诊断仪、常用工具、常用检测设备、个人防护用具和维修手册等。
【作业准备】
车辆在工位停放周正;铺好车内和车外防尘罩。
【操作步骤】

一、确认故障现象

起动车辆,暖风系统工作异常。

二、故障检测

故障检测操作见表 5-1。

暖风系统的
检修

故障检测操作表   表 5-1

序号	操作示意图	操作方法	操作标准
1		检查空调 ECU 熔断丝 F1-10 连接情况,测量 F1-10 的电压值	熔断丝 F1-10 应连接正常,电压标准值为 12V

续上表

序号	操作示意图	操作方法	操作标准
2		检修熔断丝 F1-10 通断	熔断丝应无断路现象
3		检查空调 ECU 熔断丝 F1-18 连接情况,测量 F1-18 的电压值	熔断丝 F1-18 应连接正常,电压标准值为 12V
4		检修熔断丝 F1-10 通断	熔断丝应无断路现象
5		检查暖风水泵接地线路。测量 B42 端子 1 与车身接地之间的电阻值	B42 端子 1 与车身接地之间的电阻标准值应小于 1Ω

续上表

序号	操作示意图	操作方法	操作标准
6		操作起动开关使电源模式至"OFF"状态。断开蓄电池负极电缆。检查或更换暖风水泵。检查或更换A/C空调控制器	系统正常,确认故障排除

三、竣工检验

(1)起动车辆,验证暖风功能是否正常工作。

(2)整理、恢复作业场地。

竞赛小知识

在分析电压检测结果时,要根据电路图、控制单元内部结构具体分析,有些电压为虚电,即稍微低于+B。在不确定的情况下使用带负载的试灯(12V5W)进行验证,如果试灯不亮,则判定无电,即为0。

工作任务单

暖风系统的检修		班级：	
		姓名：	
1.车辆信息记录			
品牌		整车型号		生产年月	
驱动电机型号		动力蓄电池电量		行驶里程	
车辆识别码					
2.作业场地准备					
检查设置隔离栏				□是	□否
检查设置安全警示牌				□是	□否
检查灭火器压力、有效期				□是	□否
安装车辆挡块				□是	□否
3.记录故障现象					

续上表

4.使用诊断仪读取故障码、数据流	
故障码	
数据流	

5.绘制相关电路简图

6.故障检测

检测对象	检测条件	检测值	标准值	结果判断

7.故障确认

故障点	故障类型	维修措施

8.竣工检验		
车辆暖风功能是否正常	□是	□否
9.作业场地恢复		
拆卸车内三件套	□是	□否
拆卸翼子板布	□是	□否
将高压警示牌等放至原位置	□是	□否
清洁、整理场地	□是	□否

1+X 考评记录单

暖风系统的检修				实习日期：			
姓名：		班级：		学号：		导师签名：	
自评:□熟练 □不熟练		互评:□熟练 □不熟练		师评:□合格 □不合格			
日期：		日期：		日期：			
【评分细则】							
序号	评分项	得分条件	分值	评分要求	自评	互评	师评
1	安全/7S/态度	□能进行工位 7S 操作 □能进行设备和工具安全检查 □能进行车辆安全防护操作 □能进行工具清洁、校准、存放操作 □能进行"三不落地"操作	15	未完成 1 项扣 3 分，扣分不得超过 15 分	□熟练 □不熟练	□熟练 □不熟练	□合格 □不合格
2	专业技能能力	□能正确确认故障现象 □能规范拆卸水泵线束插接器 CA72 □能正确测量暖风水泵线束插接器端子与前机舱熔断丝盒线束插接器端子之间的电阻值 □能正确检测 F1-10 的电压值。 □能正确测量 F1-18 的电压值。 □能正确检查熔断丝 F1-10 与 F1-18 的通断 □能确认暖风系统故障部位 □能规范修复暖风系统故障部位 □能规范验证暖风系统功能	50	未完成 1 项扣 6 分，扣分不得超过 50 分	□熟练 □不熟练	□熟练 □不熟练	□合格 □不合格
3	工具及设备的使用能力	□能正确使用故障诊断仪 □能正确使用万用表 □能正确使用暖风功能	10	未完成 1 项扣 3 分，扣分不得超过 10 分	□熟练 □不熟练	□熟练 □不熟练	□合格 □不合格
4	资料、信息查询能力	□能正确查询线束插接器端子含义 □能正确使用维修手册查询资料 □能正确记录查询资料章节及页码 □能正确记录所需维修信息	10	未完成 1 项扣 3 分，扣分不得超过 10 分	□熟练 □不熟练	□熟练 □不熟练	□合格 □不合格

续上表

序号	评分项	得分条件	分值	评分要求	自评	互评	师评
5	数据判断和分析能力	□能判断暖风系统是否正常 □能判断暖风水泵供电是否正常 □能判断暖风水泵接地线路是否正常 □能判暖风系统数据通信是否正常	10	未完成1项扣3分,扣分不得超过10分	□熟练 □不熟练	□熟练 □不熟练	□合格 □不合格
6	表单填写、报告的撰写能力	□字迹清晰 □语句通顺 □无错别字 □无涂改 □无抄袭	5	未完成1项扣1分,扣分不得超过5分	□熟练 □不熟练	□熟练 □不熟练	□合格 □不合格
总分:							

任务二　自动空调系统的检修

任务导入

不论车辆所在地区外部天气状况如何,比亚迪秦 EV 系列整车空调系统都可以对车内空气的温度、湿度、洁净度、流速等进行调解,具有制冷、采暖、通风、除霜功能,以便给乘客提供舒适的乘坐环境。现代纯电动汽车已不再安装内燃机,因此空调制冷的压缩机已不能由发动机驱动,而改由电动机来驱动。

任务目标

▶ 知识目标

1. 说出自动空调系统的工作原理;
2. 制订自动空调系统的故障检修流程。

▶ 技能目标

1. 具备正确使用纯电动汽车暖风系统功能,确认空调控制面板显示情况的能力;
2. 具备查阅电路图册,拆画暖风系统电路图的能力;
3. 具备依据维修手册,对暖风系统进行故障诊断与排除的能力。

▶ 素质目标

1. 在操作过程中树立高压安全意识;
2. 弘扬志愿精神,提升技能服务社会的能力;
3. 在高压作业前,正确检查、穿戴个人防护用具并唱报清楚,能进行规范的高压操作。

任务学时

建议学时:4学时

任务准备

一辆比亚迪秦EV,客户反映起动车辆后,汽车仪表点亮,高压不上电,"OK"指示灯不能点亮,应急灯一直闪烁,仪表上除汽车车门信息点亮及驻车灯点亮,其他信息没有任何显示,车外灯光可以正常点亮,仪表灯光指示灯正常显示。请根据该故障现象制订一份故障检修方案,并完成该故障的诊断与排除。

思想启迪:"工匠精神"不仅是一种工作态度,也是一种人生态度,代表着一种时代的精神气质:坚定、踏实、严谨、专注、坚持、敬业、精益求精。如果人人都能将这样的品质在内心沉淀,有干一行爱一行、爱一行钻一行的韧劲,有对工作只管付出不求回报的奉献精神,定能在平凡的岗位上书写不平凡的人生。谈谈你对"工匠精神"的理解?

任务学习

一、自动空调系统的结构组成

电动汽车的空调系统与传统动力汽车基本相同,由电动压缩机、冷凝器、蒸发器、冷却风扇、鼓风机、膨胀阀、储液干燥器和高低压管路附件等组成。传统汽车压缩机由发动机传动带通过电磁离合器带动,而电动汽车采用电动压缩机,电动压缩机由动力蓄电池提供高压电驱动。

想一想

自动空调系统的结构与普通空调有什么区别?

二、自动空调系统的工作原理

比亚迪秦 EV 自动空调系统的工作原理如图 5-3 所示,压缩机受高压电驱动,当压缩机工作时,压缩机吸入从蒸发器出来的低温低压的气态制冷剂经压缩,温度和压力升高,并被送入冷凝器。在冷凝器内,高温高压的气态制冷剂把热量传递给经过冷凝器的车外空气而液化,变成液体。液态制冷剂流经膨胀阀时,温度和压力降低,并进入蒸发器。在蒸发器内,低温低压的液态制冷剂吸收经过蒸发器的车内空气的热量而蒸发,变成气体,气体又被压缩机吸入进行下一轮循环。这样,通过制冷剂在系统内的循环,不断吸收车内空气的热量并排到车外空气中,使车内空气的温度逐渐下降。

比亚迪秦 EV 车型的制冷是通过电动压缩机、冷凝器、电子膨胀阀、蒸发器、鼓风机、空调控制器和空调制冷管路等组件组合成的系统来实现的,空调控制器通过控制电动压缩机转速、电子膨胀阀、鼓风机和冷暖风门来实现空调的制冷,如图 5-4 所示。

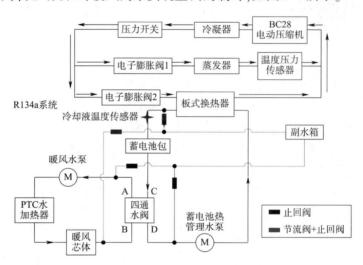

图 5-4　比亚迪秦 EV 车自动空调系统工作原理

> **温馨小提示**
>
> 汽车自动空调能根据驾驶人或乘员设定的温度,以最经济的模式,计算、分析各种传感器输入的信号,对送风温度和送风速度及时地进行调整,使车内的空气环境保持最佳状态,实现了汽车空调系统的自我管理。现代汽车维修技师也应具备良好的自我管理能力,做好自己的职业发展规划,在工作中应注意学习和积累,把理论知识与技能全面融合,用专业的诊断思维分析故障产生的原因,用科学标准的诊断方法和步骤排除故障,为送修车辆的客户排忧解难,赢得客户的信赖,提升客户满意度。

三、自动空调系统电路分析

1. 空调控制器电源电路分析

空调控制器是自动空调系统中的电控单元,可以控制电动汽车的制冷、制热、通风、除霜以及热管理系统功能。它通过接收温度、开关、执行器电机位置、光照等信号,控制各执行器的运行。

空调控制器的电源主要有两路:一路为 IG4 继电器控制的电源,另一路为 +B 电源,如图 5-5 所示。

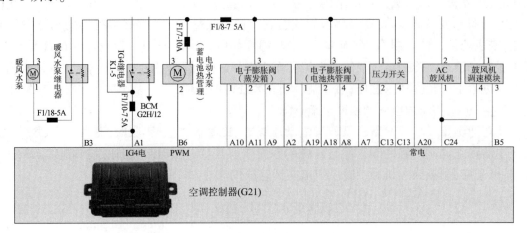

图 5-5 空调控制器电源电路原理图

IG 电源为 IG4 继电器控制的电源,此电源受 BCM 控制。

+B 电源也称为常电电源,主要为控制器提供不间歇性电源,保证单元内部存储的临时性数据及信号不丢失,同时也作为空调控制器工作电源之一,保证空调系统和其他系统的舒适 CAN 总线通信正常,并在车辆充电过程中保证整车热管理正常起动工作。

2. 温度传感器电路分析

空调控制器能够监测室外环境温度传感器、蒸发器温度传感器信号。当检测到环境温度≥-1℃、蒸发箱温度≥4℃、高低压压力开关高电位 +B 信号后,即向空调压缩机控制器发送起动空调压缩机信号,空调压缩机控制器控制压缩机运转,制冷系统循环开始运行。

图 5-6 所示为蒸发器、室内外环境温度传感器电路原理图,空调控制器输出 5V 参考信号电压,通过内部电阻 $R1$、G21/C12 端子至蒸发器温度传感器的 2 号端子,经蒸发器温度传感器 1 号端子流出至控制器 GK49/7 端子,在控制器内部搭铁。蒸发器温度传感器信号电压随蒸发器表面温度在 0.5~4.3V 之间变化,空调控制器根据检测到的电压和内部存储的阈值电压进行比对,并解析为温度信号。

空调控制器输出 5V 参考信号电压,通过内部电阻 $R2$、G21/C6 端子至室外环境温度传感器 2 号端子,经室外环境温度传感器从 1 号端子流出至控制器 GK49/7 端子,在控制器内部搭铁。其室外温度传感器信号电压随外界温度在 0.5~4.3V 之间变化,空调控制器根据检测到的电压和内部存储的阈值电压进行比对,并解析为温度信号。

3. 阳光传感器电路分析

图 5-7 为阳光传感器电路原理图,空调控制器通过 G21/C27 端子输出一个 +5V 的参考信号电压至传感器 G04/8 端子,信号电压经传感器 G04/7 至空调控制器 G21/C14,随着日照的增加,传感器信号电压也增加,反之减小。传感器信号电压在 1.5~4.7V 之间变化,空调控制器根据此信号调节空调"AUTO"状态下的驾驶室内温度、出风量等。日光传感器的搭铁

线为 G04/3 端子输出至控制器 GK49/7 端子,在控制器内部搭铁。

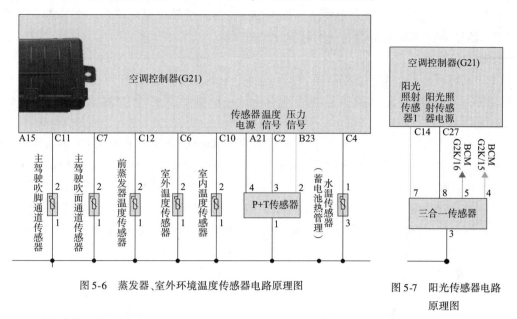

图 5-6 蒸发器、室外环境温度传感器电路原理图

图 5-7 阳光传感器电路原理图

> **头脑风暴**
>
> 阳光传感器在自动空调系统中起到什么作用?
> _____
> _____

4. 鼓风机电路分析

图 5-8 为空调鼓风机电路原理图,+B 电源由熔断丝 F1/13 向鼓风机 2 端子提供功率电源。

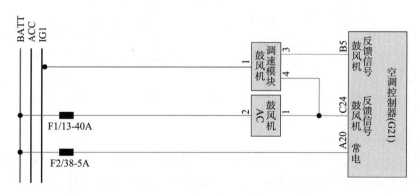

图 5-8 空调鼓风机电路原理图

空调制冷或制热功能开启后,驾驶室内鼓风机调速模块根据驾驶人的调速控制从鼓风机调速模块的 3 号端子输出脉冲宽度调制(Pulse Width Modulation,PWM)控制信号至空调控制器 G21/B5 端子,空调控制器根据输入的 PWM 信号,通过空调控制器的 G21/C24 端子

输出控制信号控制鼓风机工作。同时,鼓风机调速模块的4号端子根据空调控制器的控制信号反馈鼓风机的工作情况,如无法达到控制要求,再通过鼓风机调速模块3号端子继续输出PWM信号给到空调控制器进一步调节鼓风机工作。

5. 冷却风扇电路分析

冷却风扇具有高、低速的控制模式,通过两个电机来驱动。冷却风扇的运行和停止由VCU根据空调控制器发出的信号指令来执行,并根据不同指令控制冷却风扇高、低速运行。

图5-9为冷却风扇电路原理图。VCU接收到空调控制器通过舒适CAN总线发送的冷却风扇低速起动请求,通过其内部将GK49/19端子经计算机内部搭铁,低速风扇继电器工作,接通继电器87和30端子,+B电源通过熔断丝F1/40、低速风扇继电器、冷却风扇的2号端子到达冷却风扇电机,经冷却风扇3端子搭铁,冷却风扇低速转动。如图5-9所示,当整车控制器VCU接收到高速旋转请求时,低速风扇继电器和高速风扇继电器同时闭合,散热风扇高速转动。

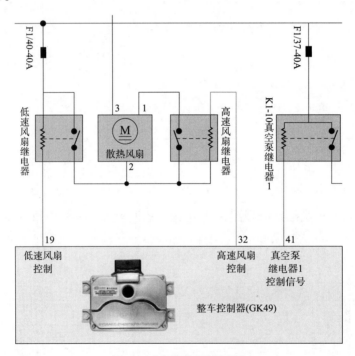

图5-9 冷却风扇电路原理图

6. 空调压缩机电路分析

(1)空调压缩机控制器电源电路。如图5-10所示,空调压缩机控制器电源采用IG4继电器控制电源供电,IG4继电器电源由F1/8熔断丝至空调压缩机控制器的低压插头的1端子,通过空调压缩机控制器低压插头2端子至车身搭铁,构成回路。

(2)舒适CAN总线通信线路。空调压缩机控制器、空调控制器、空调控制面板、PTC控制器组成一个CAN总线网络,空调控制器同时通过舒适CAN总线与网关、车载自诊断系统(On Board Diagnostics,OBD)等通信。

项目五 新能源汽车暖风与空调系统检修

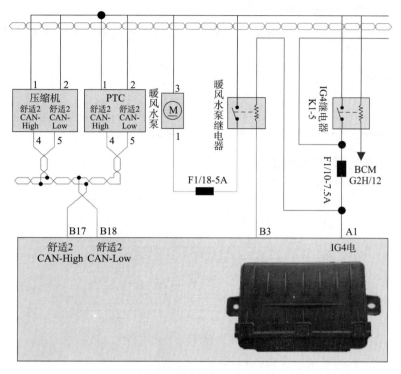

图 5-10 空调压缩机电路原理图

四、诊断流程

| 步骤1 | 检查鼓风机熔断丝 F1/13 是否熔断 |

（1）操作起动开关使电源模式至"OFF"状态。
（2）拔下熔断丝 F1/13 检查熔断丝是否熔断。
　　熔断丝额定容量：F1/13，40A。
　　是 检修熔断丝线路,更换额定容量熔断丝

否

| 步骤2 | 检查鼓风机 |

（1）操作起动开关使电源模式至"OFF"状态。
（2）拆卸鼓风机,检查鼓风机是否有叶轮损坏、异物、卡滞等现象。
　　是 修理或更换鼓风机

否

| 步骤4 | 检查 A/C 空调控制器与鼓风机继电器之间的线束 |

（1）操作起动开关使电源模式至"OFF"状态。
（2）断开 A/C 空调控制器线束插接器。

131

(3)拆下鼓风机继电器线束插接器。

(4)测量A/C空调控制器线束插接器端子与鼓风机继电器线束插接器端子之间的电阻值。电阻标准值应小于1Ω。

否 > 修理或更换线束

是

| 步骤5 | 检查鼓风机调速模块与A/C空调控制器之间的线束 |

(1)操作起动开关使电源模式至"OFF"状态。

(2)断开空调主机线束插接器IP77(图5-11)。

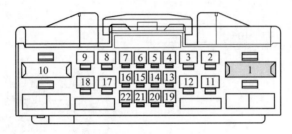

图5-11　IP77空调主机线束连接器

(3)断开A/C空调控制器线束插接器IP79(图5-12)。

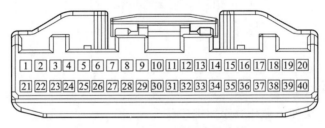

图5-12　IP79 A/C空调控制线束连接器

(4)测量线束插接器IP77的17号端子和插接器IP79的24号端子之间的电阻值。

(5)测量线束插接器IP77的18号端子和插接器IP79的23号端子之间的电阻值。

(6)确认测量值是否符合标准。

(7)测量线束插接器IP77的1号端子与车身搭铁之间的电阻值。电阻标准值应小于1Ω。

否 > 修理或更换线束

是

| 步骤6 | 更换鼓风机调速模块 |

(1)更换鼓风机调速模块。

(2)操作起动开关使电源模式至"ON"状态,确认功能是否正常。

是 > 系统正常

否

步骤7	更换 A/C 空调控制器

（1）更换 A/C 空调控制器。
（2）操作起动开关使电源模式至"ON"状态，确认功能是否正常。

是 > 系统正常

下一步

步骤8	系统正常

任务计划与决策

自动空调系统的检修

【实训器材】
比亚迪秦 EV、故障诊断仪、常用工具和维修手册等。
【作业准备】
检查车辆运行状况，车辆在工位停放周正，铺好车内和车外防尘罩。
【操作步骤】

一、确认故障现象

开启自动空调功能运行 1~2min 后，出风口无风。

自动空调
系统的检修

二、利用故障诊断仪诊断故障

连接故障诊断仪，按下一键起动开关，读取故障码和数据流。车辆下电后，清除故障码；车辆再次上电后，使用诊断仪再次读取故障码并和之前的故障码进行对比，分析故障码的性质。

> **小提示**
>
> 因为熔断丝熔断一般为用电电路短路或负载过大所引起的，所以必须对用电电器以及设备要进行搭铁短路检测，防止更换熔断丝后烧毁电路、熔断丝以及用电设备。

（1）读到故障码。
B2A3314——前排鼓风机调整信号对地短路或开路。
（2）导致以上故障的原因有：熔断丝 F1-13 及线路故障、鼓风机继电器 ER10 及线路故障、鼓风机调速模块及线路故障、A/C 空调控制器及线路故障。

三、故障检测

故障检测操作见表 5-2。

故障检测操作表 表 5-2

序号	操作示意图	操作方法	操作标准
1		测量鼓风机供电端G23-2电压值,正常为12V	电压挡DC测量
2		检查鼓风机供电熔断丝F1-13,并拔下	断负极,使用熔断丝夹拔下
3		测量F1-13熔断丝座上端电压值,正常为12V	安装负极,并使用万用表的DC电压挡,进行测量
4		测量F1-13熔断丝电阻值	电阻标准值小于1Ω

四、竣工检验

(1) 起动车辆,验证自动空调功能是否正常工作。
(2) 整理、恢复作业场地。

> **竞赛小知识**
>
> (1) 检测前确保插接器、紧固件连接可靠、无锈蚀、无破损。此说明适用任何电路、部件检测。
>
> (2) 检测单元内部搭铁或电源短路时,尤其要注意检测数值的分析,因单元内部为集成电路结构,各端子搭铁或对电源有一个高阻状态,所以检测时阻值明显大于 2Ω 时,这里都视为∞。

工作任务单

自动空调系统的检修		班级:	
		姓名:	

1. 车辆信息记录					
品牌		整车型号		生产年月	
驱动电机型号		动力蓄电池电量		行驶里程	
车辆识别码					

2. 作业场地准备		
检查设置隔离栏	□是	□否
检查设置安全警示牌	□是	□否
检查灭火器压力、有效期	□是	□否
安装车辆挡块	□是	□否

3. 记录故障现象

4. 使用诊断仪读取故障码、数据流

故障码	
数据流	

5. 绘制相关电路简图

续上表

6.故障检测				
检测对象	检测条件	检测值	标准值	结果判断

7.故障确认		
故障点	故障类型	维修措施

8.竣工检验		
车辆自动空调功能是否正常	□是	□否
9.作业场地恢复		
拆卸车内三件套	□是	□否
拆卸翼子板布	□是	□否
将高压警示牌等放至原位置	□是	□否
清洁、整理场地	□是	□否

1+X考评记录单

自动空调系统的检修				实习日期：			
姓名：		班级：		学号：		导师签名：	
自评：□熟练　□不熟练		互评：□熟练　□不熟练		师评：□合格　□不合格			
日期：		日期：		日期：			
【评分细则】							
序号	评分项	得分条件	分值	评分要求	自评	互评	师评
1	安全/7S/态度	□能进行工位7S操作 □能进行设备和工具安全检查 □能进行车辆安全防护操作 □能进行工具清洁、校准、存放操作 □能进行"三不落地"操作	15	未完成1项扣3分,扣分不得超过15分	□熟练 □不熟练	□熟练 □不熟练	□合格 □不合格

续上表

序号	评分项	得分条件	分值	评分要求	自评	互评	师评
2	专业技能能力	□能正确确认故障现象 □能正确检查熔断丝 F1-13 □能正确检查鼓风机供电 G23-2 线束 □能正确检测鼓风机继电器 ER10 □能确认自动空调系统故障部位 □能规范修复自动空调系统故障部位 □能规范验证自动空调系统功能	50	未完成 1 项扣 6 分,扣分不得超过 50 分	□熟练 □不熟练	□熟练 □不熟练	□合格 □不合格
3	工具及设备的使用能力	□能正确使用故障诊断仪 □能正确使用万用表 □能正确使用自动空调功能	10	未完成 1 项扣 3 分,扣分不得超过 10 分	□熟练 □不熟练	□熟练 □不熟练	□合格 □不合格
4	资料、信息查询能力	□能正确查询线束插接器端子含义 □能正确使用维修手册查询资料 □能正确记录查询资料章节及页码 □能正确记录所需维修信息	10	未完成 1 项扣 3 分,扣分不得超过 10 分	□熟练 □不熟练	□熟练 □不熟练	□合格 □不合格
5	数据判断和分析能力	□能判断自动空调系统是否正常 □能判断鼓风机供电是否正常 □能判断鼓风机接地线路是否正常 □能判自动空调系统数据通信是否正常	10	未完成 1 项扣 3 分,扣分不得超过 10 分	□熟练 □不熟练	□熟练 □不熟练	□合格 □不合格
6	表单填写、报告的撰写能力	□字迹清晰 □语句通顺 □无错别字 □无涂改 □无抄袭	5	未完成 1 项扣 1 分,扣分不得超过 5 分	□熟练 □不熟练	□熟练 □不熟练	□合格 □不合格
总分:							

项目测评

一、填空题

1. 比亚迪秦 EV 汽车空调系统的主要功能除了像传统汽车具有_____、_____、_____、_____四个功能外,同时为了保护动力蓄电池、增强车辆续驶能力以及缩短充电时间,空调系统还负责整车的_____,即充电时的预热和散热、运行时的预热和散热。
2. 空调控制面板主要由_____、_____、_____等组成。
3. 目前一般电动汽车上制热由专门加热装置来实现,用得比较多的电加热方式为_____加热。
4. PTC 的意思是_____温度系数,泛指_____温度系数很大的半导体材料或元器件。

二、判断题

1. 电动汽车使用冷暖空调会导致续驶里程大为下降。　　　　　　　　（　　）
2. PTC 加热器只有高压线路。　　　　　　　　　　　　　　　　　（　　）
3. PTC 加热器热敏电阻是由聚苯乙烯制成的。　　　　　　　　　　（　　）

三、简答题

简述阳光传感器的工作原理。

项目六 新能源汽车整车电路故障检修

任务一 低压供电不正常检修

任务导入

新能源汽车在高压上电之前需要完成低压正常供电,如果低压供电失败,将会导致高压也无法上电。造成低压无法正常供电的原因都有哪些呢?本任务以比亚迪秦 EV 为例,介绍新能源汽车低压供电不正常的故障检修方法。

任务目标

▶ **知识目标**
1. 说出低压上电工作原理;
2. 制订低压供电不正常故障检修流程。

▶ **技能目标**
1. 具备正确使用操作车辆低压上电的能力;
2. 具备查阅电路图册,拆画低压电源系统电路图的能力;
3. 具备能依据维修手册,对低压电源系统进行故障诊断与排除的能力。

▶ **素质目标**
1. 能够在工作过程中与小组其他成员合作、交流,养成团队合作意识,锻炼沟通能力;
2. 能进行自我检讨,诚恳接受他人的批评;
3. 具有良好的心理素质和较强的自控能力,具有较强的社会、环境适应能力。

任务学时

建议学时:4 学时

任务准备

一辆 2019 款比亚迪秦 EV，行驶 5 万 km，按下一键起动开关，钥匙小灯闪烁，仪表不亮，低压继电器不工作。根据故障现象，分析为防盗系统工作异常导致低压不供电。请根据低压供电工作原理和控制电路对故障进行诊断排除。

思想启迪：谈谈你对"工欲善其事，必先利其器"的理解？

任务学习

比亚迪秦 EV 具备一键起动功能，结构在此不再赘述，下面介绍低压上电过程。按下一键起动开关，BCM 接收到一键起动开关信号，激活低频天线发出低频信号寻找钥匙。钥匙接收到低频信号被唤醒同时小灯闪烁，通过启动子网 CAN 发送给智能钥匙控制模块。智能钥匙控制模块通过内置高频接收器接收高频信号并判断合法性，车辆验证钥匙合法性后，会通过启动子网 CAN 发送合法启动信号。BCM 接收到合法启动信号后，BCM 发出的高电平信号控制 IG1、IG3 继电器吸合，同时接收继电器反馈信号，低压上电结束，如图 6-1 所示。

引起低压供电不正常的故障原因可能有继电器故障、BCM 故障、一键起动系统故障、CAN 总线故障、防盗系统故障、继电器故障等，如图 6-2 所示。

温馨小提示

同为电动汽车低压供电不正常，产生原因却不尽相同，同学们只有不断地学习理论知识并进行实践操作，才能更好地掌握故障排除方法。

我国现代著名教育家黄炎培主张手脑并用，他说："要动手地读书，读书地动手，把读书和做工两者联系起来"，只有手脑联合才能产生智慧。这充分说明在理论指导下的实践操作能激发学生的学习兴趣，进而培养学生解决问题的能力。这些动手动脑的活动过程，既是学生活动欲望得到满足的过程，也是对知识进行体验、探索、应用的过程，同时，也是学生发展智力的过程和提高动手能力的过程。

项目六 新能源汽车整车电路故障检修

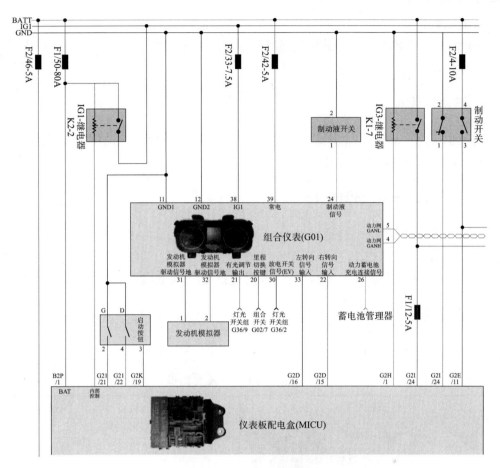

图 6-1 低压供电工作原理

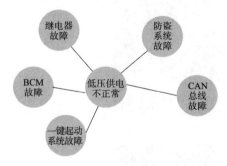

图 6-2 低压不供电可能原因

任务计划与决策

低压供电不正常检修

【实训器材】

比亚迪秦 EV、故障诊断仪、常用工具和维修手册等。

【作业准备】

检查举升机;车辆在工位停放周正;铺好车内和车外防尘罩。

【操作步骤】

一、确认故障现象

一辆 2019 款比亚迪秦 EV,行驶 5 万 km,按下一键起动开关,钥匙小灯闪烁,仪表不亮,转向盘不解锁,低压继电器不工作。

二、利用故障诊断仪诊断故障

连接故障诊断仪,按下一键起动开关,打开故障诊断仪,读取故障码和数据流,诊断仪显示 ESCL(电子转向柱锁)未成功解锁,认证失败,车辆下电后,清除故障码;车辆再次上电后,使用诊断仪再次读取故障码并和之前的故障码进行对比,分析故障码的性质。

三、故障检测

故障检测操作见表 6-1。

故障检测操作表　　　　表 6-1

序号	操作示意图	操作方法	操作标准
1		测量辅助蓄电池电压,用万用表红黑表笔分别接蓄电池正负接线柱	正常情况下应为 11~14V
2		检查智能钥匙控制单元供电熔断丝 F2-46 分别测量输出端对地电压	输出端对地电压标准值为 11~14V

项目六　新能源汽车整车电路故障检修

续上表

序号	操作示意图	操作方法	操作标准
3		检查智能钥匙控制单元供电熔断丝 F2-46 电阻值	熔断丝标准电阻<1Ω
4	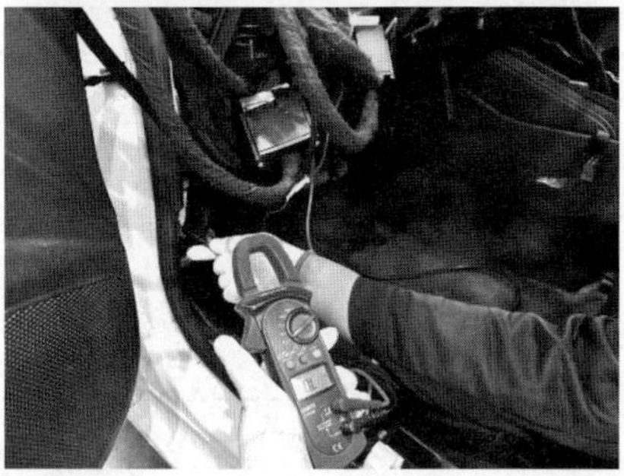	检查智能钥匙控制单元供电熔断丝 F2-46 输出端对地电阻值	线路标准对地电阻>20kΩ

竞赛小知识

在新能源汽车故障诊断与排除竞赛中,要求对新能源整车常见的低压供电(含仪表)、充电、上电、驱动、暖风与空调等故障进行诊断与排除。在对故障进行线路检查时,不能只检测到某条线路,要精确到故障线路的最小范围。

四、竣工检验

(1)按照相反顺序安装电子转向柱锁控制单元线束插接器。
(2)打开起动开关,确认故障是否恢复。
(3)整理、恢复作业场地。

工作任务单

低压供电不正常检修		班级:	
		姓名:	
1. 车辆信息记录			
品牌	整车型号		生产年月
驱动电机型号	动力蓄电池电量		行驶里程
车辆识别码			

续上表

2.作业场地准备		
检查设置隔离栏	□是	□否
检查设置安全警示牌	□是	□否
检查灭火器压力、有效期	□是	□否
安装车辆挡块	□是	□否

3.记录故障现象

4.使用诊断仪读取故障码、数据流	
故障码	
数据流	

5.绘制相关电路简图

6.故障检测

检测对象	检测条件	检测值	标准值	结果判断

7.故障确认

故障点	故障类型	维修措施

续上表

8.竣工检验		
车辆是否正常上电	□是	□否
9.作业场地恢复		
拆卸车内三件套	□是	□否
拆卸翼子板布	□是	□否
将高压警示牌等放至原位置	□是	□否
清洁、整理场地	□是	□否

1+X考评记录单

低压供电不正常检修		实习日期:	
姓名:	班级:	学号:	导师签名:
自评:□熟练 □不熟练	互评:□熟练 □不熟练	师评:□合格 □不合格	
日期:	日期:	日期:	

【评分细则】							
序号	评分项	得分条件	分值	评分要求	自评	互评	师评
1	安全/7S/态度	□能进行工位7S操作 □能进行设备和工具安全检查 □能进行车辆安全防护操作 □能进行工具清洁、校准、存放操作 □能进行"三不落地"操作	15	未完成1项扣3分,扣分不得超过15分	□熟练 □不熟练	□熟练 □不熟练	□合格 □不合格
2	专业技能能力	□能正确确认故障现象 □能规范拆卸智能钥匙控制单元插接器 □能正确测量辅助蓄电池电压 □能正确检测智能钥匙控制单元线束插接器端子电压 □能正确检测智能钥匙控制单元线束插接器端子电阻 □能确认智能钥匙控制单元故障部位 □能规范修复智能钥匙控制单元故障部位 □能规范验证智能钥匙控制单元功能	50	未完成1项扣6分,扣分不得超过50分	□熟练 □不熟练	□熟练 □不熟练	□合格 □不合格
3	工具及设备的使用能力	□能正确使用故障诊断仪 □能正确使用万用表 □能正确使用内饰拆卸板	10	未完成1项扣3分,扣分不得超过10分	□熟练 □不熟练	□熟练 □不熟练	□合格 □不合格

续上表

序号	评分项	得分条件	分值	评分要求	自评	互评	师评
4	资料、信息查询能力	□能正确查询线束插接器端子含义 □能正确使用维修手册查询资料 □能正确记录查询资料章节及页码 □能正确记录所需维修信息	10	未完成1项扣3分,扣分不得超过10分	□熟练 □不熟练	□熟练 □不熟练	□合格 □不合格
5	数据判断和分析能力	□能判断辅助蓄电池电压是否正常 □能判断智能钥匙控制单元供电是否正常 □能判断智能钥匙控制单元搭铁是否正常 □能判断信号数据通信是否正常	10	未完成1项扣3分,扣分不得超过10分	□熟练 □不熟练	□熟练 □不熟练	□合格 □不合格
6	表单填写、报告的撰写能力	□字迹清晰 □语句通顺 □无错别字 □无涂改 □无抄袭	5	未完成1项扣1分,扣分不得超过5分	□熟练 □不熟练	□熟练 □不熟练	□合格 □不合格
总分:							

任务二　高压供电不正常检修

任务导入

新能源汽车只有仪表显示"OK"之后才算高压供电正常,车辆才能正常行驶。有时候仪表等低压供电正常,但是仪表上不显示"OK",整车高压供电不正常。是什么原因造成新能源汽车整车高压无法正常供电的呢?本任务以比亚迪秦 EV 为例,介绍新能源汽车高压供电不正常的故障检修方法。

任务目标

▶ 知识目标

1. 说出高压上、下电工作原理;
2. 制订高压供电不正常故障检修流程。

项目六 新能源汽车整车电路故障检修

▶▶ **技能目标**

1. 具备正确使用操作车辆高压上电的能力;
2. 具备查阅电路图册,拆画高压电源系统电路图的能力;
3. 具备能依据维修手册,对高压电源系统进行故障诊断与排除的能力。

▶▶ **素质目标**

1. 能够在工作过程中与小组其他成员合作、交流,养成团队合作意识,锻炼沟通能力;
2. 能进行自我检讨,诚恳接受他人的批评;
3. 具有良好的心理素质和较强的自控能力,具有较强的社会、环境适应能力。

任务学时

建议学时:4 学时

任务准备

一辆 2019 款比亚迪秦 EV,行驶 5 万 km,踩下制动踏板,按下一键起动开关,仪表显示多个故障指示灯,"OK"指示灯不亮,高压上电失败。根据故障现象,经过检查,分析是电机控制器通信失败导致高压不供电。请根据高压供电工作原理和控制电路对故障进行诊断排除。

思想启迪:新能源汽车不仅有低压供电系统,还有高压供电系统。新能源汽车高压供电系统存在安全隐患问题,因此,高压系统维护检修需要专业技术人员。请简述新能源汽车检修工作人员必备条件有哪些。

任务学习

为了确保整车上下电安全性和可靠性,必须严格定义上下电流程,各电气部件的上下电必须经过控制器及时反馈给 BMS,进行握手确认后再执行下一步操作,避免意外产生。

1. 上电过程

驾驶人踩下制动踏板,按下一键起动开关,防盗解除后,BCM 控制 IG1、IG3 继电器工作,低压上电,整车各个模块进入自检状态,同时唤醒所有CAN总线。在这个阶段,各模块读取自身系统故障码,同时检测各自高压互锁是否完整。如果某个单元出现故障码、高压互锁、单体蓄电池电压温度、CAN通信、动力系统防盗中一项异常,将停止上电流程,且系统生成并存储故障代码,同时通过动力CAN总线发送至仪表点亮相应故障指示灯。自检完成后,各模块与BMS进行互检,BMS检测各模块正常满足上电条件后,通过蓄电池子网发送至蓄电池包。

BMS闭合主负继电器,同时对主负继电器断路、预充电阻断路、预充继电器粘连、主正继电器粘连进行检测,如果检测没有问题,闭合预充继电器。由于电机及高压线路中包括电容元件,为防止过大电流对这些元件造成冲击,如果主负继电器闭合检测成功,然后闭合预充继电器,进入预充电状态。

在预充阶段,BMS对预充继电器、高压绝缘故障进行检测,如果发现异常,将停止上电,同时生成故障码,点亮故障灯。

预充电阻两端电压达到母线电压的90%时,BMS控制闭合主正继电器,并对主正继电器断路进行检测。如果检测通过,断开预充继电器进入放电模式。BMS通过动力CAN向仪表发送系统准备完成、高压系统已上电信号,组合仪表接收到BMS发送的信号后,点亮仪表上绿色"OK"指示灯,上电开始。上电过程如图6-3所示。

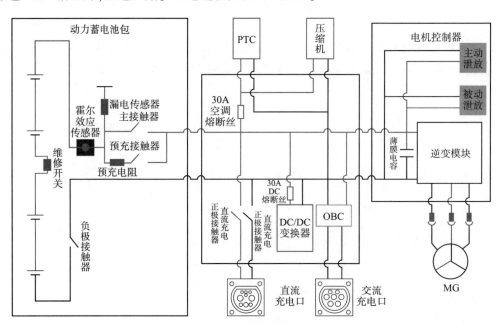

图6-3 上电过程

2. 下电过程

在车辆下电时,BCM接收到起动开关OFF命令,通过动力CAN总线发送至BMS,BMS解析信号后通过蓄电池子网CAN发送至蓄电池包以及DC/DC变换器和OBC等。BMS接收到起动开关OFF命令,依次断开主正和主负继电器,高压下电。

动力蓄电池高压下电后,BMS将高压下电信号通过动力CAN总线发送至BCM,BCM接收到此信号后,断开 IG1、IG3 继电器,低压下电,整车进入下电模式,如图6-4 所示。

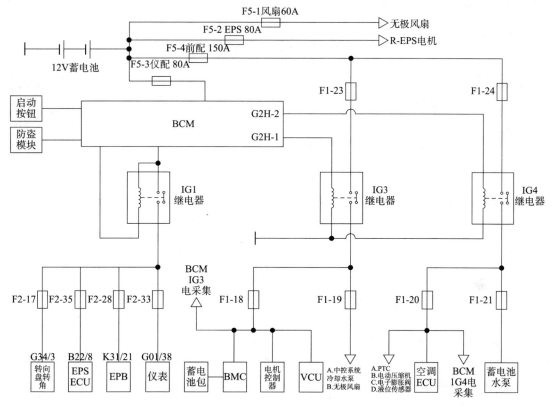

图6-4 下电过程

导致高压不上电的原因主要有绝缘故障、通信故障、高压互锁故障、接触器控制回路故障、动力蓄电池电量过低、制动开关故障等。新能源汽车具有高压系统,车辆绝缘状况关乎驾乘人员的生命财产安全。驱动电机、动力蓄电池、整车控制系统是纯电动车的三大核心,一般情况下当车辆出现绝缘故障、驱动电机、动力蓄电池系统故障时,车辆仪表会有相应故障指示灯亮起,通过对仪表的观察,可以得出车辆大致故障范围。

> **温馨小提示**
>
> 电动汽车上具有 B 级电压范围的高压系统,在车辆试制、生产、使用和维修时,都可能会给驾乘人员和操作人员带来触电风险,因此,要对高压系统及零部件进行研究和探索,确保能规范地使用和维修电动汽车。
>
> 不仅在汽车维修领域要具有探索精神,在社会生产和生活的各个领域都要勇于探索。为满足国家在深海领域科学研究、资源开发、国家安全的重大战略需求,早在 2002 年,我国就启动了"蛟龙"号载人深潜器的自行设计、自主集成研制工作,继而研发团队攻坚克难,技术不断革新,我国又自主研发了"奋斗者"号,截至 2021 年底,"奋斗者"号已完成 21 次万米下潜,已有 27 位科学家通过"奋斗者"号载人潜水器到达过全球海洋最深处。我国万米深潜作业次数和下潜人数居世界首位。

任务计划与决策

高压不上电检修

【实训器材】

比亚迪秦EV、故障诊断仪、常用工具和维修手册等。

【作业准备】

检查举升机；车辆在工位停放周正；铺好车内和车外防尘罩。

【操作步骤】

一、确认故障现象

踩下制动踏板，按下一键起动开关，仪表显示多个故障指示灯，"OK"指示灯不亮，高压上电失败。

二、利用故障诊断仪诊断故障

连接故障诊断仪，按下一键起动开关，打开故障诊断仪电机控制器模块无法通信，BMS报与电机控制器通信丢失。车辆下电后，清除故障码；车辆再次上电后，使用诊断仪再次读取故障码并和之前的故障码进行对比，分析故障码的性质。

三、故障检测

故障检测操作见表6-2。

故障检测操作表　　　　　　　　　　　表6-2

序号	操作示意图	操作方法	操作标准
1		测量辅助蓄电池电压，用万用表红黑表笔分别接蓄电池正负接线柱	正常情况下应为11～14V

续上表

序号	操作示意图	操作方法	操作标准
2		检查电机控制器供电 B30-10 与 B30-11 对地电压	输出端对地电压标准值应为 11~14V
3		检查电机控制器供电熔丝输出端电压	供电电压标准值应为 11~14V
4		检查电机控制器供电熔断丝阻值	熔断丝标准电阻<1Ω

续上表

序号	操作示意图	操作方法	操作标准
5		检查电机控制器供电熔断丝对地电阻值	熔断丝对地电阻值为∞

四、竣工检验

(1)按照相反顺序安装电机控制器控制单元线束插接器。
(2)打开起动开关,确认故障是否恢复。
(3)整理、恢复作业场地。

工作任务单

高压不上电检修		班级:	
		姓名:	
1.车辆信息记录			
品牌	整车型号		生产年月
驱动电机型号	动力蓄电池电量		行驶里程
车辆识别码			
2.作业场地准备			
检查设置隔离栏		□是	□否
检查设置安全警示牌		□是	□否
检查灭火器压力、有效期		□是	□否
安装车辆挡块		□是	□否
3.记录故障现象			

续上表

4.使用诊断仪读取故障码、数据流	
故障码	
数据流	

5.拆画电机控制器单元电路简图

6.故障检测

检测对象	检测条件	检测值	标准值	结果判断

7.故障确认

故障点	故障类型	维修措施

8.竣工检验

车辆是否正常上电	□是　□否
故障灯是否熄灭	□是　□否

9.作业场地恢复

拆卸车内三件套	□是　□否
拆卸翼子板布	□是　□否
将高压警示牌等放至原位置	□是　□否
清洁、整理场地	□是　□否

1+X 考评记录单

高压不上电检修				实习日期：			
姓名：		班级：		学号：		导师签名：	
自评：□熟练 □不熟练		互评：□熟练 □不熟练		师评：□合格 □不合格			
日期：		日期：		日期：			
【评分细则】							
序号	评分项	得分条件	分值	评分要求	自评	互评	师评
1	安全/7S/态度	□能进行工位 7S 操作 □能进行设备和工具安全检查 □能进行车辆安全防护操作 □能进行工具清洁、校准、存放操作 □能进行"三不落地"操作	15	未完成 1 项扣 3 分，扣分不得超过 15 分	□熟练 □不熟练	□熟练 □不熟练	□合格 □不合格
2	专业技能能力	□能正确确认故障现象 □能规范拆卸电机控制器线束插接器 □能正确测量辅助蓄电池电压 □能正确检测电机控制器线束插接器端子电压 □能正确检测电机控制器线束插接器端子电阻 □能修复电机控制器系统故障部位	50	未完成 1 项扣 6 分，扣分不得超过 50 分	□熟练 □不熟练	□熟练 □不熟练	□合格 □不合格
3	工具及设备的使用能力	□能正确使用故障诊断仪 □能正确使用万用表 □能正确使用内饰拆卸板	10	未完成 1 项扣 3 分，扣分不得超过 10 分	□熟练 □不熟练	□熟练 □不熟练	□合格 □不合格
4	资料、信息查询能力	□能正确查询线束插接器端子含义 □能正确使用维修手册查询资料 □能正确记录查询资料章节及页码 □能正确记录所需维修信息	10	未完成 1 项扣 3 分，扣分不得超过 10 分	□熟练 □不熟练	□熟练 □不熟练	□合格 □不合格
5	数据判断和分析能力	□能判断辅助蓄电池电压是否正常 □能判断电机控制器供电是否正常 □能判断电机控制器搭铁是否正常 □能判断信号数据通信是否正常	10	未完成 1 项扣 3 分，扣分不得超过 10 分	□熟练 □不熟练	□熟练 □不熟练	□合格 □不合格

项目六　新能源汽车整车电路故障检修

续上表

序号	评分项	得分条件	分值	评分要求	自评	互评	师评
6	表单填写、报告的撰写能力	☐字迹清晰 ☐语句通顺 ☐无错别字 ☐无涂改 ☐无抄袭	5	未完成1项扣1分,扣分不得超过5分	☐熟练 ☐不熟练	☐熟练 ☐不熟练	☐合格 ☐不合格
总分:							

任务三　车辆无法正常行驶检修

任务导入

新能源汽车在完成低压上电和高压上电之后,仪表会显示"OK",表示车辆可以正常行驶。但是挂入D挡之后,车辆无法行驶,是什么造成车辆无法正常行驶的呢?本任务以比亚迪秦EV为例,介绍新能源汽车无法正常行驶的故障检修方法。

任务目标

▶ 知识目标

1. 说出车辆无法正常行驶的原因;
2. 制订车辆无法正常行驶故障检修流程。

▶ 技能目标

1. 正确操作车辆行驶;
2. 查阅电路图册,拆画加速踏板位置传感器电路图;
3. 能依据维修手册,对车辆无法正常行驶进行故障诊断与排除。

▶ 素质目标

1. 坚持坚定正确的政治方向,热爱祖国,拥护党和国家的路线、方针和基本政策;
2. 具有健康的世界观、人生观、价值观和良好的公德与职业道德;
3. 具有团队协作精神、吃苦精神、奉献精神和创新精神。

任务学时

建议学时:4学时

任务准备

一辆2019款比亚迪秦EV,行驶5万km,踩下制动踏板,按下一键起动开关,车辆正常上电,挡位切换到 D 挡或 R 挡,释放 EPB,松开制动踏板,踩加速踏板,车辆运行,但是加速时速度不超过 6km/h。根据故障现象,经过检查,分析是加速踏板位置传感器故障导致车辆无法正常行驶。请根据节气门位置传感器工作原理对故障进行诊断排除。

思想启迪:孔子言"人无信,不可知其也",作为汽车技术专业的从业者,应该在从事自己的职业活动中具有诚实劳动,合法经营,信守承诺,讲求信誉的道德品质。谈谈你对"诚信第一"的理解?

任务学习

一、工作原理

纯电动汽车无法行驶,可以分为机械故障和电气系统故障。机械系统故障如减速器故障、悬架故障、半轴故障等,此处不再赘述。

纯电动汽车在电气系统上可以分为低压控制系统和高压回路系统。低压控制系统以 VCU 为控制中心,如图 6-5 所示。VCU 主要判断操纵者意愿,根据车辆行驶状态、动力蓄电池和电机系统状态合理分配动力,使车辆在最佳状态下运行。VCU 通过动力 CAN 总线实时与电机驱动系统、动力蓄电池管理系统等通信,并通过加速踏板、车速等信号获取整车状态并判断出当前需要的整车工作模式,如起步、加速、减速、制动能量回收等。

纯电动汽车有一套高压供电系统,如图 6-6 所示。高压供电系统由动力蓄电池为电机控制器、驱动电机、电动压缩机、PTC 加热器等高压部件提供能量。此外,动力蓄电池还有一套直流快充充电系统和一套交流慢充充电系统。这些所有的高压部件都由高压配电系统连接输送电能。

在 VCU 判定低压控制系统和高压系统正常情况下,VCU 根据当前工况和驾驶人意图控制车辆正常行驶。因此,低压系统或高压系统故障均会造成车辆无法正常行驶。

二、电路分析

节气门位置传感器主要用于检测加速踏板的开度,并把该信号转换成驾驶人对车辆操纵意图的电子信号,输送给 VCU,VCU 内部运算处理后,把此信号转换成驱动电机转速、转矩的目标电子信号,通过 CAN 总线把信号传输给电机控制器,以驱动车辆正常行驶。

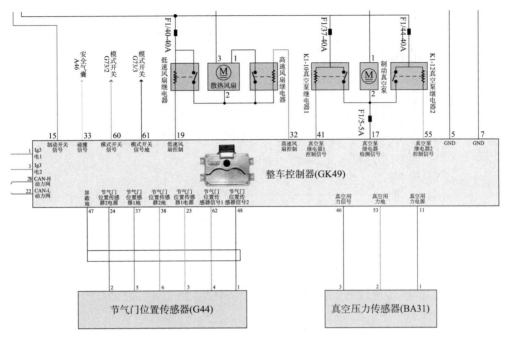

图 6-5　低压控制系统

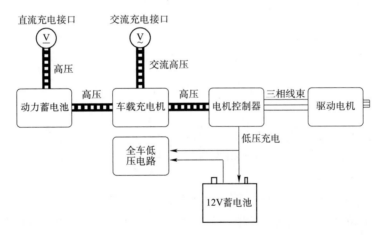

图 6-6　高压供电系统

为保障系统安全,节气门位置传感器设计成双输出传感器,分别由两个滑动电阻式传感器组成,两个传感器在同一基准电压下工作,基准电压由 VCU 提供。

随着加速踏板位置的改变,电位计滑动触点与其他端子之间的阻值也发生线性变化,如图 6-7 所示。由此产生能反映加速踏板踩踏量大小和变化速率的电压信号,并输入到 VCU。

比亚迪秦 EV 节气门位置传感器线路原理图如图 6-8 所示。节气门位置传感器分别有各自的供电电源、搭铁和信号线路。传感器 1 的信号电压由于增加了一个分压电阻 R,电压在0.73~4.14V之间变化。传感器2的信号由于没有分压电阻分压,电压在0.35~2.16V之间变化。

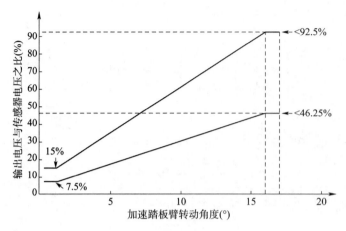

图6-7 加速踏板位置曲线图

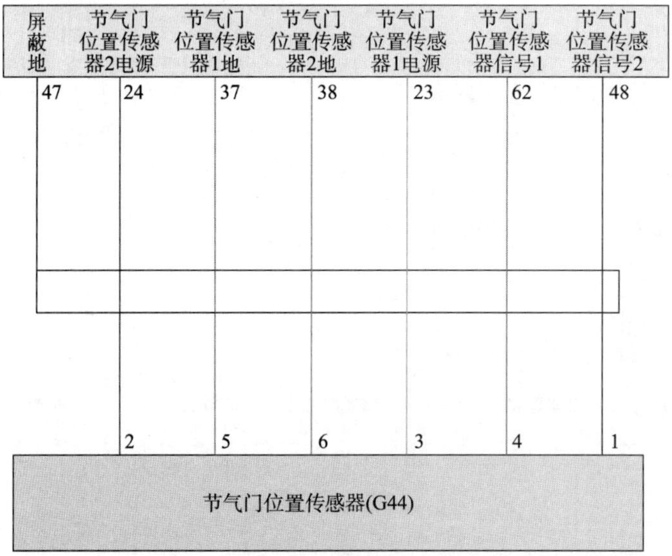

屏蔽地	节气门位置传感器2电源	节气门位置传感器1地	节气门位置传感器2地	节气门位置传感器1电源	节气门位置传感器信号1	节气门位置传感器信号2
47	24	37	38	23	62	48
	2	5	6	3	4	1

节气门位置传感器(G44)

图6-8 节气门位置传感器线路原理图

VCU通过GK49-23与GK49-24端子输出5V电源至加速踏板位置传感器1的G44-3端子和加速踏板位置传感器2的G44-2端子,分别为传感器1和传感器2提供5V参考电压,通过GK49-37端子与加速踏板位置传感器的G44-5端子之间的线路为传感器1提供搭铁回路,GK49-38端子与加速踏板位置传感器的G44-6端子之间的线路为传感器2提供搭铁回路。经过传感器的G44-4端子与VCU的GK49-62端子之间线路将反映加速踏板位置1的信号输送给VCU,传感器的G44-1端子与VCU的GK49-48端子之间线路将反映加速踏板位置2的信号输送给VCU。

加速踏板位置传感器1信号作为车辆速度和转矩需求的辅助信号,加速踏板位置传感器2信号作为车辆速度和转矩需求的主信号。如果传感器1出现故障,VCU将采用传感器

2信号作为依据,对车辆进行控制。如果传感器2出现故障,VCU将起动系统保护功能,即电机限功率,踩加速踏板加速时车辆速度无法提升。

> **温馨小提示**
>
> 一般纯电动汽车由10000多个零部件组成,要使汽车能正常使用,首先要保证核心零部件的性能良好。纯电动汽车具有"蝴蝶效应",即:在整部汽车中,初始条件下某一零部件存在微小偏差,会引起整个车辆的长期的巨大的连锁反应。因此,每个零部件的生产、装配,每根线束的布线、连接等都应精益求精,这正是当代劳动者执着专注、追求卓越的工匠精神的体现。

我国自古就有尊崇和弘扬工匠精神的传统。《诗经》中的"如切如磋,如琢如磨",反映的就是古代工匠在雕琢器物时精雕细琢的工作态度,这种精益求精的精神品质早已融入中华民族的文化血液。

奋斗创造历史,实干成就未来。在通往中华民族伟大复兴的征程上,我们更需锻造灼灼匠心,在平凡岗位上创造不凡,用干劲、闯劲、钻劲谱写美好生活新篇章,让新时代工匠精神激励鼓舞更多人。

任务计划与决策

车辆无法正常行驶检修

【实训器材】
比亚迪秦EV、故障诊断仪、常用工具和维修手册等。
【作业准备】
检查举升机;车辆在工位停放周正;铺好车内和车外护套。
【操作步骤】

车辆无法正常
行驶检修

一、确认故障现象

踩下制动踏板,按下一键起动开关,车辆正常上电,挡位切换到D挡或R挡,释放EPB,松开制动踏板,踩加速踏板,车辆运行,但是加速时速度不超过6km/h。

二、利用故障诊断仪诊断故障

连接故障诊断仪,按下一键起动开关,打开故障诊断仪,VCU报加速踏板信号2断路或对地短路。车辆下电后,清除故障码;车辆再次上电后,使用诊断仪再次读取故障码并和之前的故障码进行对比,分析故障码的性质。

三、故障检测

故障检测操作见表6-3。

故障检测操作表　　　　　　　　　表6-3

序号	操作示意图	操作方法	操作标准
1		测量辅助蓄电池电压,用万用表红黑表笔分别接蓄电池正负接线柱	正常情况下应为11~14V
2		检查加速踏板位置传感器信号电压,打开起动开关,背插VCU端子GK49-48匀速踩下加速踏板,观察电压	输出端对地电压标准值应为0.35~2.16V
3		检查加速踏板位置传感器信号线路对地是否短路,关闭起动开关,测量VCU端子GK49-48对地电阻	对地电阻标准值为∞
4		检查加速踏板位置传感器供电电压,打开起动开关,背插VCU端子GK49-24匀速踩下加速踏板,观察电压	标准电压为5V

四、竣工检验

（1）按照相反顺序安装节气门位置传感器线束插接器。
（2）打开起动开关，确认故障是否恢复。
（3）整理、恢复作业场地。

工作任务单

车辆无法正常行驶检修		班级：	
		姓名：	

1.车辆信息记录					
品牌		整车型号		生产年月	
驱动电机型号		动力蓄电池电量		行驶里程	
车辆识别码					

2.作业场地准备		
检查设置隔离栏	□是	□否
检查设置安全警示牌	□是	□否
检查灭火器压力、有效期	□是	□否
安装车辆挡块	□是	□否

3.记录故障现象

4.使用诊断仪读取故障码、数据流	
故障码	
数据流	

5.拆画节气门位置传感器电路简图

续上表

6. 故障检测

检测对象	检测条件	检测值	标准值	结果判断

7. 故障确认

故障点	故障类型	维修措施

8. 竣工检验

车辆是否正常上电	□是	□否
车辆是否正常行驶	□是	□否

9. 作业场地恢复

拆卸车内三件套	□是	□否
拆卸翼子板布	□是	□否
将高压警示牌等放至原位置	□是	□否
清洁、整理场地	□是	□否

1+X考评记录单

车辆无法正常行驶检修			实习日期：			
姓名：		班级：		学号：		导师签名：
自评：□熟练 □不熟练		互评：□熟练 □不熟练		师评：□合格 □不合格		
日期：		日期：		日期：		
【评分细则】						
序号	评分项	得分条件	分值	评分要求	自评	互评	师评
1	安全/7S/态度	□能进行工位7S操作 □能进行设备和工具安全检查 □能进行车辆安全防护操作 □能进行工具清洁、校准、存放操作 □能进行"三不落地"操作	15	未完成1项扣3分,扣分不得超过15分	□熟练 □不熟练	□熟练 □不熟练	□合格 □不合格

续上表

序号	评分项	得分条件	分值	评分要求	自评	互评	师评
2	专业技能能力	□能正确确认故障现象 □能规范拆卸节气门位置传感器线束插接器 □能正确测量辅助蓄电池电压 □能正确检测节气门位置传感器线束插接器端子电压 □能正确检测节气门位置传感器线束插接器端子电阻 □能确认节气门位置传感器系统故障部位 □能规范修复节气门位置传感器故障部位 □能规范验证节气门位置传感器功能	50	未完成1项扣6分,扣分不得超过50分	□熟练 □不熟练	□熟练 □不熟练	□合格 □不合格
3	工具及设备的使用能力	□能正确使用故障诊断仪 □能正确使用万用表 □能正确使用内饰拆卸板	10	未完成1项扣3分,扣分不得超过10分	□熟练 □不熟练	□熟练 □不熟练	□合格 □不合格
4	资料、信息查询能力	□能正确查询线束插接器端子含义 □能正确使用维修手册查询资料 □能正确记录查询资料章节及页码 □能正确记录所需维修信息	10	未完成1项扣3分,扣分不得超过10分	□熟练 □不熟练	□熟练 □不熟练	□合格 □不合格
5	数据判断和分析能力	□能判断辅助蓄电池电压是否正常 □能判断节气门位置传感器供电是否正常 □能判断节气门位置传感器搭铁是否正常 □能判断信号数据通信是否正常	10	未完成1项扣3分,扣分不得超过10分	□熟练 □不熟练	□熟练 □不熟练	□合格 □不合格
6	表单填写、报告的撰写能力	□字迹清晰 □语句通顺 □无错别字 □无涂改 □无抄袭	5	未完成1项扣1分,扣分不得超过5分	□熟练 □不熟练	□熟练 □不熟练	□合格 □不合格
总分:							

项目测评

一、填空题

1. 车辆验证钥匙合法性后,会通过_____发送到BMC。

2. 纯电动汽车无法行驶,可以分为_____故障和_____系统故障。机械系统故障如减速器故障、悬架故障、半轴故障等。

3. 在预充阶段,BMS对预充继电器、高压绝缘故障进行检测,如果发现异常,将停止_____,同时生成故障码,点亮_____。

4. 在车辆下电时,BCM接收到点火开关OFF命令,通过动力CAN总线发送至VCU,VCU解析信号后通过动力CAN发送至BMS和OBC等。BMS接收到点火开关OFF命令,依次断开_____、高压_____。

二、简答题

1. 导致纯电动汽车高压不上电的原因主要有哪些?

2. 简述纯电动汽车高压上电过程。

3. 高压供电系统由哪几部分组成?

4. 简述节气门位置传感器工作原理。

参考文献

[1] 宋广辉,张凤娇,苏忆. 新能源汽车技术[M]. 北京:机械工业出版社,2023.

[2] 关云霞,梁晨. 新能源汽车技术[M]. 北京:机械工业出版社,2018.

[3] 张凯,李正国. 动力蓄电池管理及维护技术[M]. 2版. 北京:清华大学出版社,2020.

[4] 杨学易,徐旭升. 新能源汽车电气系统检修[M]. 北京:机械工业出版社,2023.

[5] 蔡兴旺,康晓清. 新能源汽车结构与维修[M]. 2版. 北京:机械工业出版社,2019.

[6] 广东合赢教育科技股份有限公司. 新能源汽车电力电子技术[M]. 北京:机械工业出版社,2020.

[7] 赵宇,刘凤珠. 新能源汽车电控技术[M]. 北京:机械工业出版社,2019.

[8] 王显廷. 新能源汽车电气系统检修[M]. 北京:机械工业出版社,2016.

[9] 胡振川,王超. 新能源汽车电气构造与维修[M]. 重庆:重庆大业出版社,2021.

[10] 朱军. 新能源汽车职业教育发展方向及课程设计探讨[J]. 汽车维修与保养. 2016(10):44.